【文庫クセジュ】

音声の科学
―― 音声学入門 ――

ジャクリーヌ・ヴェシエール 著
中田俊介／川口裕司／神山剛樹 訳

白水社

注意深く原稿を読んでくれた，T. 神山，Y. 川口，S. 中田，A. ミショー，Ch. ダ・ラージュ，M. ロッシ，S. 前田，J. デュラン，P. アレ，S. モワラン，M. 戸田，F. フルデ，J-L. レオナールに感謝の意を表する．

Jacqueline Vaissière, *La phonétique*
(Collection QUE SAIS-JE? N° 637)
©Presses Universitaires de France, Paris, 2006, 2015
This book is published in Japan by arrangement
with Presses Universitaires de France
through le Bureau des Copyrights Français, Tokyo.
Copyright in Japan by Hakusuisha

日本語版の読者へ

　この文庫クセジュ『音声の科学』は，同じシリーズの名著，『音声学』に代わるものである．同書は1954年に出版され（邦訳は1959年，改訂新版は1970年），スウェーデンのベルティル・マルンベリ Bertil MALMBERG によるものであった．『音声学』と本書の間には，50年以上の歳月が流れている．その間には，周波数の単位が c/s から Hz[1] へと変化したり，声帯を表すフランス語が cordes vocales から plis vocaux に，母音に対応する用語が ton から voyelle に変化した．また前書には，音響学的記述が概略的に過ぎるところもあった．たとえば，第一および第二フォルマントのみによって母音を表すのは，すべての言語に有効なわけではない．しかし，ベルティル・マルンベリによる著作は，未だにその多くのページが有効性を失っていない．とりわけ調音的側面についてはそうである．

　本書では，音声学は，マルンベリの本よりも広い意味でとらえられており，音声言語についての諸科学を，駆け足で概観することをもくろんでいる．課された枚数制限の中であっても，そしてそれは同文庫が創設されて以来変わっていないのだが，50年以上にわたって蓄積されてきた知見の深さを感じ取ることができるようになっている．こうした知見の蓄積は，千葉勉，梶山正登，ファント Gunnar FANT らによって音声生成についての音響理論が確立され，同分野で理論的前進が実現したこと，

1　〔訳注〕c/s, Hz はともに周波数の単位．従来 cycle per second (c/s) で表されていた周波数の単位には，1960年の国際度量衡総会において Hz が採択された．

また，情報技術や音声技術，医学画像，生理学的分析などの分野が，驚くべき発展を遂げたことによるものである．

　著者は，フランス語版のさまざまな箇所について照会し，その不完全な部分を明らかにしてくれた，日本の有能な音声学研究者たち，すなわち神山剛樹，中田俊介，川口裕司の諸氏に，そして，日本語原稿に目を通してくれた斎藤純男氏，佐藤大和氏に深く感謝する．彼らには心からの感謝をささげたい．フランス語の最新版（改訂第三版，2015年5月刊）における改善は彼らに多くを負っている．

　読者には，私がこの小さな本を書いたことによって得たのと同じくらいの喜びを味わっていただきたい！

目次

日本語版の読者へ ——— 3

序文 ——— 7

序論 ——— 11

第一章　音声学と音韻論 ——— 25

第二章　音声学の諸分野 ——— 34

第三章　音声学の道具 ——— 42

第四章　音声器官 ——— 51

第五章　音声信号と音響音声学 ——— 63

第六章　母音 ——— 78

第七章　子音 ——— 85

第八章　音声言語の知覚のいくつかの様相 ——— 89

　Ⅰ-母音の同定について ——— 95

　Ⅱ-子音の同定について ——— 98

　Ⅲ-いくつかのモデルと理論 ——— 101

第九章　韻律論 ——— 107

結論 ——— 132

訳者あとがき ——— 134

参考文献 ——— 137

索引 ——— 145

序文

　音声学は，言語音の科学的研究を目的としている．それは人間が言語活動において生み出すすべての音現象を扱う．調音音声学と正音学の始まりは，紀元前6世紀のパーニニによるサンスクリット語の記述にまでさかのぼる．

　19世紀には歴史音声学が始まり，諸言語間の音的対応を明らかにすることで，それらの間の類縁関係を証明した．たとえばオセアニアの諸言語間や，広大なインド＝ヨーロッパ語族の諸言語間の類縁性が認められるようになった．また，類縁関係にある諸言語を比較することで，古い言語状態を再構築することが可能になった．そして史資料と考古学的資料との対話を通じて，利用可能な言語資料が豊富になるにつれ，再構築はより明確なものになっている．

　19世紀末にルスロ P.-J. Rousselot は，パリにおいて，実験によって音変化のメカニズムを説明しようと試み，実験音声学の基礎を築いた．実験音声学は20世紀後半に著しい発展を遂げ，学際的で高度な機器を用いる科学となった．

　第1回の国際音声科学会議は，1932年にアムステルダムで開催された．この会議には現在も，言語学者（音声学者，音韻論者，方言学者），心理言語学者，実験心理学者，音声コミュニケーションおよび音声言語処理を専門とする工学者，耳鼻咽喉科医，音声治療士，発音療法士，発音矯正士，第一言語獲得および第二言語習得の専門家，歌唱や朗読法の教師が定期的に集まっている．学問分野の協働が，音声学の重要な発展の源に

子音（肺臓気流）

	両唇音	唇歯音	歯音	歯茎音	後部歯茎音	そり舌音	硬口蓋音	軟口蓋音	口蓋垂音	咽頭音	声門音
破裂音	p b		t d		ʈ ɖ	c ɟ	k ɡ	q ɢ		ʔ
鼻音	m	ɱ		n		ɳ	ɲ	ŋ	ɴ		
ふるえ音	ʙ			r					ʀ		
弾き音				ɾ		ɽ					
摩擦音	ɸ β	f v	θ ð	s z	ʃ ʒ	ʂ ʐ	ç ʝ	x ɣ	χ ʁ	ħ ʕ	h ɦ
側面摩擦音				ɬ ɮ							
接近音		ʋ		ɹ		ɻ	j	ɰ			
側面接近音				l		ɭ	ʎ	ʟ			

子音（肺臓気流以外）

吸着音	入破音	放出音
ʘ 両唇	ɓ 両唇	' 例:
ǀ 歯	ɗ 歯/歯茎	p' 両唇
ǃ (後部)歯茎	ʄ 硬口蓋	t' 歯(茎)
ǂ 硬口蓋歯茎	ɠ 軟口蓋	k' 軟口蓋
ǁ 歯茎側面	ʛ 口蓋垂	s' 歯茎摩擦

記号が対になって現れているものは、右側の記号が有声音を表す。網掛け部分は、調音が不可能と判断される音声を表す。

超分節要素

ˈ	第1ストレス	ˌfoʊnəˈtɪʃən
ˌ	第2ストレス	
ː	長い	eː
ˑ	半長の	eˑ
˘	特に短い	ĕ
.	小（フット）グループ	
‖	大（イントネーション）グループ	ɹi.ækt
	音節境界	
‿	切れ目のない	

トーンと語アクセント

平ら　　　　　　　　　カーブ
ŋ̋ または ˥ 特に高い　ě̂ ˩˥ 上昇
é ˦ 高い　　　　　　　ê ˥˩ 下降
ē ˧ 中くらい　　　　　e᷄ ˦˥ 高上昇
è ˨ 低い　　　　　　　e᷅ ˩˨ 低下降
ȅ ˩ 特に低い　　　　　e᷈ ˧˦˧ 上昇-下降
↓ ダウンステップ　　　↗ 全体的上昇
↑ アップステップ　　　↘ 全体的下降

表1　IPA（英）/ API（仏）（国際音声字母）2005年改訂

母音

```
     前舌      中舌     後舌(奥舌)
狭   i y ────── ɨ ʉ ────── ɯ u
              ɪ ʏ    ʊ
半狭  e ø ────── ɘ ɵ ────── ɤ o
                 ə
半広  ɛ œ ────── ɜ ɞ ────── ʌ ɔ
              æ
                 ɐ
広        a ɶ ──────── ɑ ɒ
```

記号が対になって現れているものは、右側の記号が円唇母音を表す．

その他の記号

ʍ	無声唇軟口蓋摩擦音	ɕ ʑ	歯茎硬口蓋摩擦音	
w	有声唇軟口蓋接近音	ɺ	有声歯茎側面はじき音	
ɥ	有声唇硬口蓋接近音	ɧ	ʃとxの同時調音	
ʜ	無声喉頭蓋摩擦音		破擦音と二重調音は、必要な場合は連結線で2つの記号を結合して表すことができる．	k͡p t͡s
ʢ	有声喉頭蓋摩擦音			
ʔ	喉頭蓋破裂音			

補助記号　下に伸びる音声記号には補助記号を上に付けてもよい．例 ŋ̊

̥	無声の	n̥ d̥	̪	歯音の	t̪ d̪
̬	有声の	s̬ t̬	̺	舌尖で調音する	t̺ d̺
ʰ	帯気音化した	tʰ dʰ	̻	舌端で調音する	t̻ d̻
̝	より狭めの強い		̃	鼻音化した	ẽ
̞	より狭めの弱い		ⁿ	鼻腔解放の	dⁿ
̟	前寄りの	u̟	ˡ	側面解放の	dˡ
̠	後ろ寄りの	i̠	̚	解放のない	d̚
̈	中舌寄りの	ë			
̽	中央寄りの	ĕ			
̩	音節主音の	ɹ̩			
̯	音節副音の	e̯			
˞	r音色の	ɚ			

̤	息もれ声の	b̤ a̤		
̰	きしみ声の	b̰ a̰		
ʷ	唇音化した	tʷ dʷ		
ʲ	硬口蓋化した	tʲ dʲ		
ˠ	軟口蓋化した	tˠ dˠ		
ˤ	咽頭化した	tˤ dˤ		
̃	軟口蓋化あるいは咽頭化した	ɫ (ɹ=有声歯茎摩擦音)		
̝	より狭い	e̝ (β̞=有声両唇接近音)		
̞	より広い	e̞		
̟	舌根が前に出された	e̟		
̠	舌根が後ろにひかれた	e̠		

なっているのである．今日では，音声科学は，音声学者であるか否かに関わらず，言語音声とその性質・機能を研究領域とするすべての科学者に関わるものになっている．

　本書は，そうした多様な音声科学への入門書であると同時に，過去数十年の研究成果の総括ともなることを目指している．紙面の制約により，歴史音声学については詳述していない．力点は，むしろ情報機器や新しい探査技術といった新しいテクノロジーの発展に伴う，研究の問題設定の刷新に向けられているのである．

　なお，予備知識のない読者は，第四章と第五章から読み始めることをお勧めする．

序論

音声学とは音の実質と音の形態の研究である．今のところ意図的に大まかな定義をしたが，その理由は，隣接する分野に対して音声学を位置づけつつ，以下に説明を進めていくなかで，より明確になるであろう．

言語を獲得する能力は人間に固有なものである．動物は，その最も原始的なものでさえ，嗅覚，視覚，あるいは聴覚によるサインの体系を有しており，それらを用いて，種の保存のために同じ種の仲間たちと情報交換を行う．しかしそうしたサインの目録は限られており，厳密な意味での言語活動とは言えない．たとえばバンヴェニスト É. BENVENISTE は，**動物のコミュニケーションと人間の言語活動を全く異なるものとみなしている**．人間には，無限の数の発話を構築する**能力**があるからである．その一方，動物によるやりとりは限定されたものであろう．

人間の言語を獲得する能力は，膨大な数の音声言語（算定基準にもよるが，およそ 3000 から 6500 言語）となってあらわれている．話しことばによる言語活動は，言語能力の主要な実現手段であるが，言語能力は，ため息，笑い，咳払い，そして言語活動の周辺に位置するオノマトペなど，話しことばを生み出すのと同じ器官が生み出す別の要素を利用するほか，身体の他の部分が生み出す要素を用いることもある．たとえば，しぐさや顔の表情は，**姿勢－身振り－しぐさの体系を構成する**．耳の聞こえない子供たちは，自分たちの間でしばしば自発的に，手話を用いたコミュニケーションを発達させる．人間とは本質的に，

コミュニケーションをとる生物なのである.

　音声による伝達システムは, 書きことばには表されないきわめて多様な情報の担い手である. 言語メッセージの発音の仕方によって, 話者はさまざまな種類の情報を伝達するのだが, そのやり方は話者自身にも部分的にしかコントロールできない. 話者は感情や心の動きや態度を表（おもて）に出したり, 対話者にあれこれの反応を引き起こしたり, 自分の社会的・地域的, あるいは文化的なアイデンティティーを露（あらわ）にしたりしている. **音声文体論**（フォーナジ I. Fónagy, レオン P. Léon の用語）は, このような次元を扱う. その次元はあらゆるコミュニケーション行為に含まれるが, とくに歌, 詩, 舞台芸術など, 声を芸術に用いる場合において顕著となる.

　言語活動は, 二重分節という用語で記述することができる（マルティネ A. Martinet）. 各々のメッセージは音の連続からなり, さらにそれらは記号の連鎖に対応している. 各々の記号（典型的には語）は, シニフィアン（音的イメージ）とシニフィエ（意味）の二つの顔を持つ. シニフィエとシニフィアンの対応は, **恣意的**かつ**慣習的**である. 恣意的と言えるのは, たとえば木という概念は, 言語によって異なる音形を用いて, フランス語では arbre [aʁbʁ], 英語では tree [tɹiː] と示されるためである. 慣習的と言えるのは, 言語が「言語能力の社会的な産物であり, 個人においてその能力を行使できるよう社会共同体によって採用され, 必要とされた慣習の総体」[1]（ソシュール F. de Saussure）だからである. 各々のシニフィアン自体も, 意味を

1　〔訳注〕『一般言語学講義 *Cours de linguistique générale*』, Édition critique par T. De Mauro, Payot, 1976年の第3章§1, 25頁. 邦訳, 小林英夫訳, 岩波書店, 1976年, 第4刷の21頁参照.

持たない音の単位の連鎖,すなわち音素から構成される.三つの音素/p/,/t/,/a/の結合は,フランス語では少なくとも五つの意味単位(*pas* /pa/「歩み」, *ta* /ta/「君の」, *patte* /pat/「動物の足」, *tape* /tap/「たたくこと」, *apte* /apt/「〜に適している」)を形成する.同じく/sã/という二つの音素の連鎖には,複数の語(*sang*「血」, *sans*「〜なしで」, *sent*「感じる(直説法現在三人称単数形)」, *cent*「百」, *s'en*「補語人称代名詞seと代名詞en」)が対応する.諸言語では,平均して30個の音素から構成される数十万の単語が区別されている.

音素は,音韻体系における最小の機能的単位である.言語における音素の機能とは,語彙の中に含まれる単語の間に対立を確立することである.「もし二つの音が,全く同じ音的位置で入れ替わると,語の意味が変わってしまうか,あるいはもとの語だとわからなくなってしまうなら,その二つの音は二つの異なる音素の実現である」(トルベツコイ N.S. TROUBETZKOY)[2].

フランス語では,/l/と/ʁ/は二つの異なる音素である.というのも,père /pɛʁ/「父」と pelle /pɛl/「シャベル」, rang /ʁã/「列」と lent /lã/「遅い」のように,/ʁ/を/l/に置き換えると,二つの異なる語になるからである.それに反して,パリ風の口蓋垂(のどひこ)音[ʁ]と舌尖の巻き舌音[r](いわゆるブルゴーニュ風の[r])は,同じにして唯一の音素 /ʁ/ の二つの地域的な変種である[3].一つの音素によってのみ弁別される二つの語は,

---

2 〔訳注〕トルベツコイ Nikolay S. TROUBETZKOY,『音韻論の原理 *Principes de Phonologie*』,カンティノ Jean CANTINEAU 訳, 1976年, 49-50頁参照.邦訳,長嶋善郎訳,岩波書店, 1980年.

3 〔訳注〕[ʁ]で発音しても,[r]で発音しても単語の意味は変わらないため,同じ音素の二つの変異体,パリ風とブルゴーニュ風の違いとみなされる.

最小対を形成する．たとえばlent /lã/ と rang /ʁã/ は，フランス語において /l/ と /ʁ/ が音素であることを証明してくれる最小対である．

音素とは，主として母音と子音のことであり，さらに半子音または半母音がある．音素の数とその素姓は言語によって異なる．多くの言語は25から30の音素を有している．10個しか音素を持たないピラハー語[4]（アマゾンの言語），100以上の音素を有するクン語[5]（南アフリカの言語）が両極にあり，フランス語は地域や世代によって27から33の音素を持っている．子音の数は，フランス語では地域変種によって変わることがなく，/p t k b d g f s ʃ v z ʒ m n l ʁ/ の16子音である．表2（16頁）のフランス語の音素一覧を参照されたい．

一方，母音の数は一定ではない．たとえば，ロワール河より北では，最高齢層のフランス人たちは，二つのaの音素，前舌の /a/ と後舌の /ɑ/ を有する．だが，この二つによって区別される語の数は少ない．たとえばpatte「動物の足」/pat/ と pâte「生地」/pɑt/，Anne「アンヌ（人名）」/an/ と âne「ろば」/ɑn/ は異なる母音で発音される．また，南フランスやベルギーのフランス語圏のフランス語は，brun「褐色の」/bʁœ̃/ と brin「切れ端」/bʁɛ̃/ を区別するが，この区別はパリのフランス語では失われている．Baule「ボール（地名）」/bol/ と bol「椀」/bɔl/，fée「妖精」/fe/ と fait「事実」/fɛ/ は，ノルマンディー地方では同音異義語で

---

4 〔訳注〕南米先住民諸語の一つで，ムーラ語やマタナウィ語と同系言語群を構成する．『言語学大辞典』第4巻，三省堂，1992年，360頁によれば100名程度の話者を擁する．

5 〔訳注〕アフリカ大陸南部で話されているコイサン語族の北コイサン語派に属する言語．『言語学大辞典』第1巻，三省堂，1999年，293頁参照．

ある．ベルギーとロレーヌ地方南部(ナンシー，サン・ディエ)では，一般に母音の長短の対立がある場合にしばしば見られるように，そこにわずかな音色の違いも加わり，mots「語（複数）」/mɔ/ と maux「悪（複数）」/moː/ のように区別される．ただし語末では [o] への統一が急速に進んでいる．またメディアのキャスターの発音は，規範となる「中立的な」発音に固執するため，均一化する傾向がある．

音素はきわめて多様な実現形態を持っている．

第一に，多様性は個人の解剖学的特徴によるものであり，年齢，性別，生理的状態（しゃがれ声，喫煙者の声），感情（喜びの声，悲しみの声）を表すことによって，話者に特徴を与える．

第二に，音素をとりまく**音声的環境**は，音素が実現される際の舌，両唇，口蓋帆，声帯の動きに影響を与える．toute「すべての」と tête「頭」における，最初の子音/t/を発音するときの両唇の位置を比べてみるとよい．唇は，toute で子音/t/を発音するときのほうが，tête のときよりも丸まっていることがわかる．結果として，舌と歯が離れる瞬間（すなわち解放の瞬間）の破裂ノイズは toute のほうが低くなる．また toute [tut] と route [ʁut]「経路」の発音では，/u/を発音するときの舌が，toute や route の /u/ のときは，Roure /ʁuʁ/（アルプ・マリティム県の町名）の /u/ のときよりも前方にある．そのため toute のなかの音 [u] は，母音 /y/ に近づき，一方 Roure の [u] は /o/ の音色に近づく．さらに一つの音素の影響が，アクセント音節から始まって，単語全体の内部にまで及ぶことがある．こうして，phonologie「音韻論」という語は [fonoloʒi] と，phonologue「音韻論者」という語は [fɔnɔlɔɡ] と発音される傾向がある．

第三に，急いで話したり，ゆるく話したりすると，母音と子音の間の調音的差異が小さくなり，連続する一連の音の間で調

子音							
フランス語の子音							
/pɑ̃/	pan 「すそ」	/bɑ̃/	banc 「ベンチ」	/fɑ̃/	faon 「子鹿」	/vɑ̃/	vent 「風」
/tɑ̃/	temps 「時間」	/dɑ̃/	dent 「歯」	/sɑ̃/	sang 「血」	/zɑ̃/	zan 「甘草飴」
/kɑ̃/	camp 「キャンプ」	/gɑ̃/	gant 「手袋」	/ʃɑ̃/	chant 「歌」	/ʒɑ̃/	gens 「人々」
/mɑ̃/	ment 「嘘をつく」	/lɑ̃/	lent 「遅く」				
/nɑ̃/	nan 「non「いいえ」 のくだけた形」	/ʁɑ̃/	rang 「列」				

表2 フランス語の音素[6]

---

6 〔訳注〕[ɲ]と[ŋ]を音素に加える記述もある.
7 〔訳注〕定冠詞 le, demain /dəmɛ̃/「明日」などの /ə/ が脱落しうるのに対し, brebis /bʁœbi/ や vendredi /vɑ̃dʁœdi/「金曜日」の /œ/ は, 脱落してしまうと子音が三つ連続してしまうため, 原則として脱落しない.

母音					
閉音節					
/pil/	pile「電池」	/pyl/	pull「セーター」	/pul/	poule「雌鳥」
		/ʒøn/	jeûne「断食」	/pol/	pôle「極」
/pɛl/	pelle「シャベル」	/ʒœn/	jeune「若い」	/pɔl/	Paul「ポール(人名)」
/pat/	patte「(動物の)足」			/pɑt/	pâte「生地」
/pɑ̃t/	pente「坂」	/pɔ̃t/	ponte「産卵」		
/dɛ̃d/	dinde「七面鳥」				
開音節					
/li/	lit「ベッド」	/ly/	lu「読まれた」	/lu/	loup「狼」
/le/	les「定冠詞複数形」	/lø/	leu「ルーマニアの通貨」	/lo/	l'eau「水」
/lɛ/	laid「醜い」	/bʁœbi/[7]	brebis「雌羊」		
/la/	la「定冠詞女性単数形」	(/lə/)	(le)「定冠詞男性単数形」		
/pɑ̃/	paon「孔雀」	/pɔ̃/	pond「卵を産む」		
/bʁɛ̃/	brin「切れ端」	/bʁœ̃/	brun「褐色の」		
半母音または半子音					
/fij/	fille「少女」	/lɥi/	lui「彼(彼女)に」		
/jɔt/	yacht「ヨット」	/lwi/	Louis「ルイ(人名)」		

音結合[8]が多くなる.とはいえ,話し手の中には,とても速く,かつゆるくない話し方で話すことができる者がいることに注意すべきである.ゆるい話し方では,母音 *a* /a/のような,声道を大きく開いて発音する母音(いわゆる開母音)は狭くなり,逆に閉母音(*i* /i/,*u* /y/,*ou* /u/のような母音)は広くなる傾向にあり,両極にある母音は避けられることになる.たとえば,oui [wi]「はい」は ouais [wɛ]や [ɥɛ]のようになる[9].また,破裂音では,通常は子音 /p, t, k, b, d, g/ を実現するときのように,声道が狭窄(きょうさく)されるが,ゆるい話し方では,完全な閉鎖がなくなってしまう.消失してしまう音素すらある.je ne sais pas「私は知らない」は je n'sais pas > j'sais pas > chaipas > ch'pas[10] のようになり,maintenant「今」は maint'nant > maind'nant > main-nant > mai-nant となる.ドイツ語に関するコーラー K. KOHLER の研究が示すように,こうした現象はフランス語に特有のものではない[11].頻度の高い語は,頻度の低い語よりも,し

---

8 〔訳注〕「実際の音声は連続的なものであり,個々の音は多かれ少なかれその音の前後に現れる音の影響を受けるのが常である.こうした現象を調音結合(coarticulation)とよんでいる」『言語学大辞典』,第6巻,三省堂,2001年,931頁から引用.

9 〔訳注〕[wi]は後舌[w]と前舌[i]の両極に位置する閉母音・半母音である.そのためそれらが連続するのを避けて,[wɛ]または[ɥɛ]のようになる.

10 〔訳注〕j'sais pas では母音/ə/とともに子音/n/が脱落し,chaipas では有声子音/ʒ/が後続する無声子音/s/と融合を起こし,無声音/ʃ/になる.Ch'pas では母音/ɛ/が脱落して子音/ʃ/と/p/が連続する.

11 〔訳注〕たとえば,Klaus KOHLER「ドイツ語の連続発話における分節音の縮約 Segmental reduction in connected speech in German」,HARDCASTLE, W.J. & MARCHAL, A. (eds.) *Speech Production and Speech Modelling*, Dordrecht: Kluwer, 1990年,69-92頁を参照.

ばしば速くゆるく発音されるので,音声変化は頻度の高い語から始まり,さらにより頻度の低い語へと拡がっていく.これが語彙伝播の原理である.

第四に,調音運動は,語中の音節の位置,音節内での音素の位置,発話内の語の位置に依存する.語の中で強い位置にある音素は,「他に影響を与える側」になり,より明確に調音され,より長く,より強くなり,自身のいくつかの特徴を周囲の音素に押しつけることになる.逆の場合には,音素は「影響を受ける側」になり,周囲の音素の影響を受けて,時には消失することもある.語頭の子音,そして場合によっては語のなかのアクセント音節が,一般的には強い実現形,すなわちプロトタイプの実現形となる.英語では,破裂音 /p/, /t/, /k/ は語頭で有気音化され(pin「ピン」[pʰɪn], 'contract「契約(名詞)」[ˈkʰɒntrækt]),アクセント母音の直前の位置でも有気音化される(conˈtract「契約する(動詞)」[kʰənˈtrækt][12]),しかし他の位置ではそうならない([ˈ] の記号はアクセント音節の位置を示す).音節頭の子音は,音節末の子音よりも明確に発音・知覚される.また発話の始まりでは,発話の最終音節よりも,一般的に明確に調音される.焦点(フォーカス)の後に位置する発話部分は,しばしば十分な努力なしに発音される.

第五に,同じ一人の話者は,言語使用域(最も丁寧な使用域から最もくだけた使用域まで),スタイル,態度(不満,皮肉など)といった,あらゆる手段を利用しながら,自分の話し方をコミュニケーションの場面に適応させる.たとえば鼻音化は,

---

12 〔訳注〕第3版では簡略音声表記として[r]が用いられているが,多くの英語方言における実現形はこの場合,歯茎接近音[ɹ],歯茎弾き音[ɾ]などである.

一部の言語においては尊敬の念を伝え，他の言語においては嫌悪の念を伝えるものとなる．また変異体は，社会言語学的あるいは社会文化的なものになりうる．mariage「結婚」のような単語で，母音/a/を[ɑː]へと後舌化して長母音化すると，たちまち社会的な地位を指し示すことになる．それは，高級住宅街パリ16区のいわゆるマリー・シャンタル風の発音なのである（ブラ・ドゥ・マルィユ P. Boula de Mareüil の研究[13]を参照）．

第六に，音素とその対立は，地域ごとに異なった形で実現される．南仏の「抑揚豊かな」訛りは容易にそれとわかるものである．一方，リヨン訛りとグルノーブル訛りの区別はより微妙な差異によってなされる．

最後に，調音法における意図的な変異体を作りだすことによって，メッセージにニュアンスの違いを与えることができる（フォーナジ）．一つの文が発音される際に伴う心づかい，優しさ，冷たさ，軽蔑などのニュアンスは，人と人との接触において重要な役割を担う．これらの変異体が，メッセージ全体の意味を根本的に変えることがある．Elle est sympa !「彼女感じいいね！」という発話において，子音/s/を長音化し，調音努力を増大させ，過剰な調音をすると，その人は感じがよい人どころではないという意味になる．

人間の子供は話すための下地をあらかじめ持っている．胎児は，きわめて早くから，羊水を通して知覚される母語の響きやリズムを吸収する．生後数日の赤ん坊は，母語の音素的対立に反応するだけでなく，世界のほぼすべての言語の音素対立に反応し，すでに母の言語をその他の言語から区別できるのである．

---

13 〔訳注〕Philippe Boula de Mareüil, *D'où viennent les accents régionaux ?*, Le Pommier, 2010.

大人の英語話者は，ヒンディー語の歯破裂音（舌尖あるいは舌端が歯と接触する）とそり舌破裂音（舌尖が上に持ちあげられ，口の奥に向けられる）の区別がわからず，やはり英語には対立がないヒンディー語の有気と無気の有声音を区別できない．ところが赤ん坊は，将来その子が英語話者になろうがなるまいが，生後すぐにはそれらの異なる音の差異をちゃんと知覚できるのである．最初の数ヶ月の片言の後，生後六ヶ月頃には，赤ん坊はすでに周囲の音やイントネーションを模倣する．サルはこうした模倣能力が欠如しているため，話すことができないのだろう．誘発電位の技術を用いた最近の実験によれば，子供の脳は，眠っているときでさえ，生後八ヶ月頃には，ある音の対立が母語において音素対立として用いられるか否かで，反応が違ってくるという．将来フランス語話者となる赤ん坊の脳は，二つの音素 /i/ と /y/ に対応する音的相違に反応するが，将来英語話者となる赤ん坊の脳は反応しない．というのも，英語においては円唇と非円唇は弁別的素性ではないからである[14]．赤ん坊は，自分が頻繁にさらされる音のかたちを，それらを理解できるようになるかなり前から，非常に速くストックすることができる．かなり早くから，赤ん坊は自分の母語に日常的に出てくる音素の連鎖を好むようになる．八ヶ月から十ヶ月の頃には，子供は母語が必要とする対立だけを保持し，周囲で話されている言語に関与しない音の対立には次第に鈍感になっていく．生後数日の中国人の赤ん坊は，[do]と[to]，[ga]と[ka]を何の苦もなく区別できる．ところが中国人の大人は，有声と無声の素性

---

14 〔訳注〕フランス語の前舌狭母音 /i/ と /y/ は，円唇性によって弁別される．/i/ が「非円唇」で，/y/ は「円唇」．一方，英語では円唇性の違いのみによって弁別される母音音素はない．

を弁別的に用いない中国語[15]を習得していく過程で，有声と無声を区別しなくなるため，フランス語を学ぶときには，gâteau [gato]「ケーキ」と cadeau [kado]「贈り物」の違いを聞き分けるのに大変苦労することになる．同様に，日本人の赤ん坊は，生後八ヶ月から一年の間に，徐々に /l/ と /r/ の違いに対する感覚を失い，大人になると lit「ベッド」と riz「米」の違いを聞き分けるのにかなり苦労する．それは長年にわたってフランス語に触れた後でも変わらないのである！[16] 言語体験が音の知覚に深い影響を与えるのである．それはワーカー J. Werker によれば**注意のフィルター**ということであり，クール P. Kuhl によれば，話者の言語に特有なプロトタイプを中心として**心理音響的に再構成が行われる**ということである．思春期あるいは成人後の第二言語習得では，母語の音素体系からの影響を受けずに，新たな音素体系，すなわち目標言語の音素体系を習得するのに持続的な努力が必要になる．音声学を志す者もまた，国際音声学会が更新している IPA（国際音声字母）（8-9頁の表1参照）に記載されている，世界の諸言語で弁別的に用いられるすべてのタイプの音を区別できるようになるには，長い訓練を積まなければならないであろう．新たなタイプの音素が見つかることは，ますます稀になっているものの，世界の諸言語において可能な音韻対立の総目録は，いまだ完成していない．

　神経科学的研究の近年の成果は，前世紀にチョムスキー N. Chomsky が長らく主張した，言語能力の生得理論を裏づけているように見える．人間の赤ん坊は，二重分節構造の言語を獲

15　〔訳注〕中国語は [d] と [t]，[g] と [k] のような有声音と無声音を区別しない．
16　〔訳注〕日本語母語話者にとって，フランス語の /l/ と /ʁ/ の聴覚上の区別は，英語の /l/ と /r/ の聴覚上の区別ほどの困難を伴わない．

得する能力を持って生まれるのだが,他の動物にはその能力が欠けているようである.

　人間の声道は,数えきれないほどの音を発することができる.そのことは,ヒューマンビートボックス[17]のスターたちの力量をみてもわかることである.音声器官が,楽器が奏でる音と聞き間違えるほどに音声を模倣することができるのである.ところが世界の言語の音には,きわめて多くの類似点が存在する.こうした類似が生じるのは,音声学的制約,あるいは物質的制約といわれるものの圧力による.そうした制約を強いるのは,音響学と空気力学の一般法則や,音の産出・知覚機構の特徴であり,さらには短期と長期の記憶,学習能力や一般化能力といった共通の認知能力を生み出すような,すべての人間が共有する脳構造でもある.研究者の中には,新生児が音を識別する能力に着想を得て,人間には,人間の話しことばに合わせて配線された**諸属性や素性をとらえる**センサーがあらかじめ備わっているという考え方を主張した者たちもいる(スティーヴンス K. STEVENS).

　音響信号を媒介とする情報伝達には,他の媒介に比して大きな利点がある.たとえば,話しことばを用いるとき,話し相手はある程度離れていてもよい.また話しことばは騒がしい環境においても使用可能である.さらに,音声言語を使用することで,目と両手が**自由**になり,それらは他の任務を果たすことができる.話しことばはまた,**迅速な**コミュニケーションの方法でもある.話し手は,急いでいるとき,1秒に30以上の音素を,つまり1分あたり平均200語以上を発することができ,聞き手

17　〔訳注〕human beat boxは人間の口だけでDJプレイをすることを言う.

も相手のメッセージをリアルタイムで理解できる．もしも非言語的な性質をもつ音連鎖が，ことばと同じ速さで提示されるようなことになったら，聞き手はノイズしか知覚できないであろう．以下に見るように，ことばの音声は，知覚機構によって処理されるのだが，その方法は自然のノイズの場合と同じではない．

第一章　音声学と音韻論

　音声学と音韻論（機能的音声学とも呼ばれる）は言語学の二つの分野であり，ともに言語活動の音的側面を研究対象とする．音声学と音韻論の役割分担は，一世紀以上もの間にわたって，次々に変化してきた．前世紀の初頭，ソシュール（1857-1913）は言語を，各要素が互いの関係によって定義される体系として特徴づけ，抽象的な言語体系（ラングあるいは形式，体系）の研究と，具体的な音声的実現（パロールあるいは実質）の研究が互いに独立したものであるべきだと強調した．ソシュールの後，プラハ言語学サークルの代表者たち，ヤコブソンR. JAKOBSONやトルベツコイは，**音声学**の対象である音の研究と，**音韻論**の対象である体系の研究を明確に分離するよう提案した．トルベツコイは音声学を，「人間言語の音の物質的側面についての科学」と定義していた．それによって，音韻論は音素対立にだけ，つまり言語が持つ対立の体系にだけ関心を払うことになった．こうした音声学と音韻論の明確な分離は，それぞれが分かれて発展するうえでよい影響を与えた．音声学はこの分離の機会を得たことで，工学や生命科学に近づいた．それと並行して音韻論もまた，関心をもっぱら言語体系の分析に集中したことで，動かしがたい進歩を遂げることができた．とはいえ，最も重要な研究のなかには，言語学者と工学研究者の協働の成果によるものもある．なかでもヤコブソン（ロシアの大言語学者），ファントG. FANT（スウェーデンの電気通信技術の専門家），ハレM.

HALLE[1]の共著になる『音声分析序説』(1951) は，音韻論と音声学の関係史における転回点となった．音韻分析における形式的概念である弁別素性は，**音響－知覚的特徴**，すなわち実質に基づいているからである．トルベツコイにおいても，弁別特徴は**調音**の用語で記述されており，実質に基づいていたことに留意しておきたい．他方，音声上の制約の概念は，音韻規則や調音結合の記述にも適用された．こうして音の物理的性質と音韻体系の間の関係が恣意的であるという考え方は，最終的に放棄された．なぜなら形式と実質は，相互に条件づけあっているからである．このように，音声学と音韻論が新たに近づいたことは，進歩の一要素となる．

　諸言語の音素目録にはいくつかの規則性が現れる．たとえば3母音の体系では /i/, /a/, /u/ が，5母音の体系では /i/, /e/, /a/, /o/, /u/ が選択される頻度が高い．5母音の体系は最も数が多く，UPSID[2]データベースにおける全言語の22％を占めている．

　音声学も音韻論も，ともに音素を構成する特徴の全体を定義することに関心がある．言語の音素目録における音素の選択は恣意的なものなのか？　全体的傾向はどのように説明できるのか？　中には他の選択を決定づけるような選択もあるのか？　時の経過とともに，音素目録が変化するのはなぜなのか？　またどのように変化するのか？　音声学者と音韻論者は，まず最初に，世界の諸言語の音の対立体系の選択において重要な役割を演ずる広義の制約と，対立体系が時間とともに同一言語の

1　〔訳注〕第3版では記載がない．
2　カリフォルニア大学のUCLA音素目録データベース (UPSID) は，451言語における異なる920以上の音声，650種以上の子音と260種以上の母音を含んでいる．

内部で変化する点に関心を向けた．ヤコブソンは，12個ほどに限られた「普遍的」弁別素性を提案する（**母音性／非母音性，子音性／非子音性，集約性／拡散性，緊張性／弛緩性**，など）．その提案によると，各言語は，単語を区別するために，そうした既存の弁別素性の中からいくつかを選択することになる．ヤコブソンは実質に基づく制約を重要視する．ヤコブソンの場合，言語における音素間の対立は，**音響関連量**と**聞き手の知覚の容易さ**に基づいている．ヤコブソンにとって，産出上の制約は二次的なものである．一方，チョムスキーとハレ[3]は，ヤコブソンとは反対に，たとえばpeur「恐怖」[pœʁ]とpeureux「臆病な」[pøʁø]，beurre「バター」[bœʁ]とbeurré「バターを塗った」[bøʁe]などのケースで観察される交替についての形式的な説明を求めるにあたって，弁別素性の実質的定義は背景におくにとどめた．チョムスキーとハレは弁別素性を主に調音によって定義しているが，弁別素性と音声的実現との関係については詳述していない．この二人は，弁別素性の形式的な定義を前面に押し出しているが，こうした見解は今日のいくつかの音韻論的研究においても続いている．実質に基づく制約（いわゆる，音声的制約）の中では，解剖学的な制約が扱われていることになる．たとえば舌尖は舌根よりもより緻密な調音を可能にする．諸言語の音韻体系によって選択されている子音は，主に声道前部の狭窄を伴って実現され，子音の生成では可動性の高い舌尖がとくに活用される．たとえば99％以上の言語は/t/を持っている．反対に，舌根は数少ない対立にしか関与しな

---

3 Noam CHOMSKY, Morris HALLE『英語の音型 *The Sound Pattern of English*』，Cambridge: The MIT Press, 1968年，邦訳『生成音韻論概説』，小川直義，井上信行訳，泰文堂，1983年．

い．1970年代になると，音声的制約をめぐる議論は，もはや調音面ではなく，再び知覚および音響的側面に戻ってくる．そして二つの主要な考え方が提示された．一つ目は，たとえば/i/, /a/, /u/など，音素の中にはその音響特性の**安定性**に従って選択されるものがあるというものである．これら三つの母音の音色を生成するには，きわめて厳密な調音上の正確さが求められるわけではなく，そうすることはむしろ不経済なのである．そして，これらの3音素(/i/, /a/, /u/)が好まれるのは，それらに固有の特性によるという考え方である（後にみるスティーヴンスの**量子性理論**）．二つ目は，母音，あるいは子音の音韻体系全体が，とくに当該言語の母音あるいは子音の数が多い場合，母音や子音の個々の選択に影響を及ぼすという考え方である．弁別的な音は，互いの知覚的な対比が最大になるよう，音響空間内に位置づけられる傾向がある（リンドブロム B. LINDBLOM による**適応分散理論**）．この理論によれば，音素の選択はそれらに固有の特性のみではなく，近接した音素と知覚的に弁別可能であるかにも依拠する．この二つの理論は，グルノーブルのGIPSA研究所が提唱する分散化・焦点化の理論において組み合わされる．それによると，ある言語の音韻体系は，音響・知覚空間内の音素の分散（分散化）と，各音素の音響・調音的安定性（焦点化）の間で，その言語に特有の重みづけを行った結果として生じる．この他に三つ目の要因として，話し手にとって実現が困難であったり，聞き手に混乱をもたらしたりするという理由で，そのような素性の組み合わせが避けられる．話し手にとって実現困難な例としては，非常に広い母音を円唇化する場合が挙げられる．実際，円唇広母音と平唇広母音の音素対立はほとんどみられない．聞き手に混乱をもたらす例としては，無声鼻子音がしばしば無声摩擦音として知覚される場合が挙げられる．実際，

無声鼻子音と有声鼻子音の間の音素対立はあまりみられない．

諸言語の音素体系の目録および音変化に対する音声的制約の研究は，音声学の伝統の一つである．ルスロ，スティーヴンス，リンドブロム，オハラ J. OHALA の研究を参照されたい．各々の観察事実について，音声学者は最も妥当な説明を提案しようと努める．ある音素目録に対してはたらくこうした制約は，音素連続において，ある種の選択がなされるという方向に向かうこともある．たとえば，実現が困難な音連続や特徴の組み合わせは，不完全にしか実現されないか，消滅するか，あるいは他のものにとって代わられる傾向がある．たとえば，音連続のなかには他のものよりも発音しやすいものがあるため，こうした発音しやすい音に変化しやすく，そうした変化が体系の変化に至ることさえある．たとえば，/ti/ のようにすべて前舌的音素で，あるいは /ku/ のようにすべて後舌的音素で構成される音節は，前舌的音素と後舌的音素を組み合わせた /tu/[4] と /ky/ よりも発音が容易なのである．英語話者が Les Russes sont rousses.「そのロシア人たちは赤毛だ」という文と Les rousses sont russes.「その赤毛の人たちはロシア人だ」という文を区別することの困難さを考えると大変なことである！[5] 言語によっては，こうした制約が時間の経過とともに音韻体系化され，語中で許されない

---

4 〔訳注〕第3版の /ty/ は誤植．
5 〔訳注〕この文は，後舌子音 /ʁ/ と前舌子音 /s/ の間に，それぞれ円唇前舌母音の /y/（russes「ロシア人」），円唇後舌母音の /u/（rousses「赤毛の」）が挟まれた最小対語を含んでいる．ところで英語には円唇前舌母音の音素 /y/ がなく，後舌母音 /u/ は多くの方言で中舌・前舌化している．このためフランス語の /y/-/u/ の音韻対立は，英語母語話者にとって，日本語母語話者と同様に習得が大変困難である．さらには，口蓋垂音 /ʁ/ の習得も容易ではない．

音素連続がでてくることもある(母音調和).知覚もまた大きな役割を演じる.英語のth [θ]あるいは両唇摩擦音のような聞こえにくい摩擦音が保持されることは稀である.というのも,日常のコミュニケーションはしばしば雑音の中で行われるが,そのような理想的とはいえない音響条件下ではとくに,人間の耳はそうした音をうまく知覚できないからである.また,一つの言語において,鼻母音の数は常に口母音と同じか,それよりも少ない.なぜなら鼻音性の音響関連量によって,鼻音化した母音のさまざまな音色が互いに区別しにくくなり,その結果,弁別の容易な口母音と鼻母音の対立の数が減少するのである.また,視覚的な制約によって,説明するための材料がもたらされる観察事例もある.赤ん坊によって最初に獲得される子音は,唇音である.唇音/p, b, m/の後には/n, t, k, g/が続く.ところが,目の見えない赤ん坊についてはその限りではなく,このことは話し手の顔が見えることの重要性を証明してくれる.母親が話しかけると,目の見える赤ん坊はしばしば母親の両唇をじっと見つめる.実際,目の見える赤ん坊は非常に早く/m/と/n/が区別できるようになるのに対し,目の見えない赤ん坊たちはその対立を獲得するのが困難である.雑音のある環境では,聞き手に話し手の顔が見えているほうがことばがよく認識されるという事実もまた,視覚的指標が重要であることの別の証しと言えよう.

音声的説明は仮説とみなさなければならない.観察された傾向だけでは法則としての力がないからである.言語によっては,たとえば歯破裂音と歯茎破裂音の間の対立のように,知覚上,その差異が微細な音韻対立を示すものもある.ズールー語のさまざまな吸着音(歯音,歯茎音あるいは側面音)は,訓練を受けていない耳には区別が大変難しい.しかしながら,歯破裂音と

歯茎破裂音の対立がある言語の聞き手やズールー語の母語話者であれば，それぞれの言語の音素目録に含まれる対立を知覚し，発音するのは何の苦もなく，それもごく幼い頃からできるのである．音声的な特徴は，音の選別を司る重要な役割を演ずる唯一の要因ではなく，それですべてが説明できるわけではない．習得や記憶の容易さといった，**音韻的（認知的）制約**もまた大きな役割を演じる．それらの制約は，言語の弁別特徴の数を減らし，語の間の音的対立を実現するためにその言語が選択した音韻特徴を最大限に活用して，経済的で対称的な体系を組織するのに有利に働く[6]．フランス語では，有声性の相関（有声子音と無声子音の対立）によって，対称的な系列の /p/, /t/, /k/ と /b/, /d/, /g/ が対立しているが，多くの言語においては，子音 /p/ と /g/ は欠如する傾向にあり，非対称的な系列が生み出される．たとえばアラビア語には /p/ がなく，オランダ語には /g/ がない[7]．**音声的制約と認知的要因を同時に考慮することで，母音体系と子音体系の類型論の理解は大きく前進することができた**．ベドア P. Beddor，オハラ，リンドブロム，グルノーブルの GIPSA 研究所の研究を参照されたい．また，外的要因の影響も思い起こしておきたい．異言語間の接触や，同一言語内でより威信があると考えられている変種の模倣もまた，言語変化の源となりうる．社会言語学者ラボヴ W. Labov の研究を参照されたい．

音韻体系の非対称性を説明する例としてはどのようなものがあるだろうか．音韻体系には，最少限の数の素性を好んで用いようとする認知的傾向（そこから体系の対称性が生じる）と，

---

6 マルティネ André Martinet，『音声変化の経済 *Économie des changements phonétiques*』，Berne, A. Francke, 1955年．

7 〔訳注〕外来語等を除く．

実現や弁別が困難な素性の組み合わせをなくそうとする調音的，音響・知覚的制約（そこから非対称性が生じる）を生み出す傾向があり，音韻体系というのは，その二つの傾向の妥協の産物なのである．たとえば平唇の[i]を発音して，次に両唇を丸めて，前に突き出してみよう．そうするのは難しいことではなく，フランス語のu，ドイツ語のüの文字素に対応する[y]が聞こえるであろう．一方，同じように広母音の/a/で両唇を丸める動きをしようとしても難しいことに注目してほしい！ 唇の働き（平唇と円唇）は，**調音上**，下顎が高い位置にあるとき，つまり狭母音（/i, y, u/）のときに好んで用いられる．このような調音上の難易度ゆえに，広母音に円唇と非円唇の対立をもつ言語は数が少ない．同様に，口腔の共鳴特性のゆえに，両唇の形状が変化するときの**音響的影響**は，/i/のような前舌母音（/i/, /e/）の場合に，より大きくなる．/i-y/の対立が，唇音性の対立の中で一番よくみられるのはそのためである．音韻体系の非対称性を説明する第二の例は，子音に関するものである．**空気力学的**な理由により，狭窄音[8]（破裂音と摩擦音）のうち，有声音（/b, d, g/のような）は，無声音（/p, t, k/）よりも頻度が低い．というのも有声性（声帯振動）は口腔内圧が高ければ不利となる．ところで口腔内圧は，声道が閉鎖あるいは狭窄されると高くなる．したがって有声性にとってとくに条件が悪くなるのは，後部に狭窄があるときであり，これは狭窄の後ろに位置する空間を広げることが難しいためである．先にも述べたように，/g/は諸言語において稀なのである．とはいえ，/p, t, k/の系列が/b, d, g/の系列と対立するとき，/g/は子音体系の対称性という音韻論的

---

8 〔訳注〕破裂音と摩擦音をあわせたものであるとすれば，むしろ阻害音であろうか．

理由から維持されうる.

　今日では，実験音声学と実験音韻論は近い関係にある．音声学者が諸体系の目録を説明するために作り上げた理論的モデルは，音実質に基づくモデルであり，音韻論が提供する，より抽象的なモデルと少なくとも同じくらい説得力がある．音声学者と音韻論者の接近は,「実験音韻論 Laboratory Phonology」という名の国際会議が定期的に組織されるようになって，何年も前から具体化している．とはいえ，音声学と音韻論の手法の間には，依然としていくつかの相違点が存在する．一般に**音韻論者**は，理論的かつ演繹的な手法に導かれ，そうした手法が，実験によって検証したいと思う問題を決定する．それに対して，**音声学者**はもっと直接的に実験に依存する．音声学者は当初から自らの仮説を追試可能な実験によって検証する必要があると考えるため，自らの研究領域を非常に狭くする傾向がある．加えて，音声学者の注意は採取するデータの細部に向けられる．それは直接的に言語的範疇についての情報を与えるものではないが，言語体系に常に影響を与える数多くの力を理解するのに役立ちうる．さらに音声学者は，中心から遠ざかろうとする傾向に突き進められて，個体発生や系統発生，または社会学や民族学あるいは心理学の中に可能な説明を求めようとする．一方，音韻論は認知科学と近い関係でありたいと望む.

　したがって，これまで以上に，音声学者と音韻論者がお互いに理解しあう必要があるのだが，それは永遠の難題である.

第二章　音声学の諸分野

　調音音声学と正音学（語の「正しい」発音に関する学問）は言語学の中で最も歴史の古い分野に属する．インドの文法学者パーニニ[1]は紀元前4世紀に，宗教的文献の正しい発音を定めるために，サンスクリット語の音の調音について詳細な記述を行った．音声学の関心領域が調音や正音法という側面を越えて拡大したのは，大部分が新たな探査技術の出現と関連している．たとえば，音響的側面では1940年代のスペクトログラフがあり，知覚的側面では同じく1940年代のパターン・プレイバック，神経学的側面ではごく最近の医療画像の技術がある．逆に，音声学の知見を音声技術の分野や，言語教育の分野，最近では臨床分野にまで応用したことも，音声学における研究課題を豊かなものにしている．さらに最近の研究領域の拡大は，言語現象を今や認知領域全般の中でとらえ，言語研究をその運用や使用者の行動の研究にまで拡大していこうとする言語科学の意欲が大きな要因の一つになっている．

　言語の音形の基底にある言語表象の構造を扱う音韻論，および序章でも簡単に触れたが，言語の変化や分類を研究し，実例

1　〔訳注〕「紀元前4世紀ないし5世紀頃の西北インド出身の人と推定される．「8章からなる」その著書『八巻の書』は，自らの言語を，スートラといわれる独特のスタイルで書かれた約4000の規則にまとめ，それを特種な文法用語を駆使して記述したもので，これがその後の文語としての古典サンスクリットの規範となった」，『言語学大辞典』第6巻，三省堂, 2001年, 1485頁から直接に引用．

の確認される口話を比較することで,諸言語の過去の状態を再構築する分野である歴史音声学,この二つの分野を除けば,**分類的**,**実験的**,**応用的**という三つの音声学のアプローチを区別できる.19世紀まで,調音音声学は本質的に記述的かつ分類的であった.調音音声学は,観察された事実を,説明を探ることなく,記述し,提示し,分類していたのである.**実験音声学**は音変化の原因を解明しようとする歴史言語学の要望が一方にあり,他方で,医学,物理学,植物学,人類学,音響学のような自然科学の要望があり,その両者が出会ったことで19世紀半ばに生まれた.観察可能なデータの記述は,他の科学分野と同じく,言語研究においても,第一段階を構成するにすぎない.次の段階で説明が加えられることになる.19世紀末に実験音声学を創始したルスロ神父は,音変化のメカニズムを実験室の中で実験的に再現しようと試みた.実験音声学は多少の違いはあれ洗練された機材,あるいは大規模データに基づく統計の助けを借りて行われる,追試可能な科学実験に基づいて,観察されたすべての音現象を説明しようと努める.最後に,音声学の**応用的**側面はあらゆる分野に存在し,大部分の音声学者はその責任を自覚している.たとえば,古代からすでに聖典の発音規範を確立することが行われてきた.また,国際音声学会が,その創成期の19世紀末には言語教師たちの集まりであったことが示すように,音声学が第二言語学習を支援するために応用された.さらに,録音された声を特定することが必要になる司法調査に協力したり,読み上げ文書の音声自動合成や音声自動認識などの音声技術,障害者のための支援,最近では臨床領域へのさまざまな応用も行われたりしている.

　言語科学の一部門である音声学は,人間科学,生命科学,そして物理学の交差点に位置する.音声学の知見は,聴覚学や実

験心理学，音声技術，音声信号処理に欠かせない要素である．音声学の専門家の数は増加していないとしても，音声学の伝統的な問題を扱う学問分野は飛躍的な拡大をみせている．

　一般に，音声学はいくつかの分野に分けられる．

　一般音声学は，言語学と同様，とくに類型論的な基盤の上に立って，異なる集団の母語獲得に関する利用可能なデータを比較することで，諸言語における普遍的な傾向を研究し，またそれらを説明しようとする．

　調音音声学と**生理音声学**は，解剖学と生理学に密接に関係し，音声の産出，発声器官と調音器官を研究する（第四章を参照）．

　知覚（聴覚）音声学は，生理学，心理言語学，心理学，心理音響学と密接に関係し，聴覚器官による音声の受容とその同定に関心を向ける．この分野は聴力検査尺度の確立に大きく貢献した（第八章を参照）．

　音響音声学は，物理学や空気力学と密接に関係し，音の音響特性を研究する（第五章を参照）．

　韻律（いんりつ）研究は，音声合成の需要と言語学の領域拡大とに促されて，前世紀の後半に大きな発展を遂げた．今日，韻律研究は，音声学の国際会議において舞台の前面に立ち，脚光をあびている．韻律研究の領域はきわめて広い．それは，韻律と統語構造の関係を研究する**音声統語論**に始まり，同定機能（社会的出自，年齢，個性のような話し手を特徴づける側面）や，感情的機能（個人や個人間の態度表現），あるいは呼びかけ機能（同情のように聞き手にある感情を喚起するための方法），さらに談話や談話標識の分析をも含み，最終的には，言語音の言い方や発音の仕方によって表される言語の感情的価値や詩人の声，俳優あるいは政治家の声などを研究する**音声文体論**にまで及んでいる．

心理音声学はとりわけ音や音連続によって喚起される感覚に関心をもつ．/i/ は黄色を想起させ，さまざまな言語の聞き手にとって，/r/ は /l/ よりも喧嘩をしているようで男性的だと知覚されるようである[2]（第九章を参照）．

矯正（リハビリ）音声学および**教育音声学**は，子供の発音矯正（フランス人の幼児の15〜20％が言語聴覚士の診療所に通っている）や外国語学習者，または耳鼻咽喉部の外科手術を受けた患者の発音矯正を行うための方法を研究する．音声学の新たな機器について，言語聴覚士，将来の語学教師や耳鼻咽喉科医師に，さらに本格的な教育を行うことで，ある種のリハビリテーションや学習の実践を大きく改善できるだけでなく，基礎研究にも影響を与えることは間違いないであろう．

発達音声学は心理言語学と密接に関連し，さまざまな音声刺激に対する胎児の反応に関心を向けるほか，単一言語，あるいは二言語を用いる赤ん坊，子供，さらに大人による母語の分節音的特徴と韻律的特徴の（知覚および産出面の）習得過程にも関連がある．

音声技術は主に，書きことばからの**自動音声合成**，**音声の自動認識**，音声によるマン・マシン対話（人間と機械の音声対話），さらにコンピュータによる話し手あるいは言語の同定の分野をカバーする．この任務に取り組んだ最初の工学者のグループには，音声コミュニケーションの専門家と音声学者が含まれていた．その後，音声の自動認識の領域において，統計モデルが分析的方法よりも優位に立つようになり，音声を繋ぎ合わせる接続型音声合成が，多くの音声学的ノウハウを必要とするフォル

---

2 フォーナジ Ivan FÓNAGY, 『生きた声 *La Vive Voix*』, Paris : Payot, 1983年, 102頁参照.

マント³合成の優位性を奪ったのである．しかし接続型合成は，得られる結果の自然さという点でいくつかの限界に直面し，また音声認識における統計的手法もおそらく限界に達したためであろうか，専門家たちは，統計的手法を通してソフトウェア・ツールにとり入れることのできる基礎知識を再び追い求めている．しかしながら，新機軸を打ち出すのに必要とされる三つの技能（信号処理，統計学，音声学）を兼ね備えた研究者はほとんどいない．新たなる発見を生むのに有利な土壌を創出するためには，大学の諸学問分野の中で音声学の知識の教育を再組織化する必要があるように思われる．

神経音声学は認知科学と神経学と言語学が互いに関連しあう分野である．医療画像技術と誘発電位によって，今日では音声を知覚するときの脳の諸領域の活性化レベルを比較することが可能になっている．また，19世紀半ばに神経学者ブローカ P. BROCA が死体に関して行った研究の系譜を継ぐ，脳障害者における言語障害の研究から得られたデータを補うことも可能となった．医学データによると，脳神経細胞には大きな個人差があり，かつ大きな適応能力があって，それは母語を獲得する間に組織化されていき，脳損傷の場合には再組織化されることがわかっている．一方，発話を字義通りに理解するときには脳の左半球がより強く活性化するのに対し，感情に関連した韻律を解釈するときは，音楽と同様，むしろ右半球において処理が行われることが定説となっているようである．神経音声学は発展の只中にある新しい学問分野である．

臨床音声学は，言語学と医学が互いに関係しあう分野であ

---

3 〔訳注〕フォルマント formant のカタカナ表記をホルマントとすることもある．

る．この分野では，とくに，実験音声学ですでに試された手法が，病理例の音声産出および知覚の研究のために用いられる．音声言語の病理的な症例研究は，伝統的に音声学の知識の源泉であった．耳鼻咽喉部の癌治療における近年の医学上の発達によって，症例によっては，患者の生存だけでなく，治療を受けた患者の生活の質にも配慮することが可能となり，医師たちは，ある種の，発声器官を含む外科施術が声の質やことばにどのような影響を与えるかについて，音声学者たちに問いを投げかけるのである．同様に，人工内耳の分野における進歩によって，聴覚神経における音のコード化とその学習に関する研究課題がより詳細なものとなった．臨床医と音声学者の協働は，専門的な医療機器を用いることによって実現する多数の実験を行う上でも，生理的計測のデータベースを実現させる上でも不可欠である．そうしたデータベースがあれば，標準と病理の境界を定めることができる．またこうした協働は，言語聴覚士によるリハビリあるいは修復外科手術によって実現された進歩を評価する上でも不可欠である．臨床医と音声学者の交流は，問題とデータベースの共有，そして方法や機器の共有を基礎としており，常に実り多いものとなってきた．医療画像の分野における最近のめざましい進歩（動作中の音声器官の三次元映像化，脳神経細胞の活動による誘導磁場の計測等）によって，音声学の問題領域が広がったが，そうした進歩は，放射線医や神経科医との新たな協働研究の基盤ともなっている．

統計音声学あるいはコンピュータ音声学は，発展の只中にある．いまや多くの音声技術において特別の位置を占めている統計学は，確率理論と同様，言語理論の中に組み込まれるに至った．音韻対立と形態音韻論的プロセスの機能効率（統計的効率）が，言語の変化において重要性をもつことは広く知られている．

たとえば，フランス語の /a/ と /ɑ/ の対立のように，言語においてごく限られた数の単語を対立させるにすぎない非効率な対立は消失する傾向にある．今日では，一つの言語の中で，または比較のために異なる言語の間で，巨大なデータベースを用いてさまざまな種類の数量計算を行うことが可能である．また向上し続けるコンピュータの性能は，ストレージ・メモリ技術における進歩とあいまって，読み上げや自然発話による話しことばの膨大なコーパスの蓄積を可能にした．そしてすでに試された統計的手法を用いることで，こうした巨大なデータベースの中から，先行出版物において提起された結論のいくつかをより強固なものにしたり，それらに疑問を投げかけたりする知見を引き出すことができる．今日では，大きな言語（実際には国家語）については，部分的にタグづけが行われたデータベースが利用可能で，米国では**言語データコンソーシアム（LDC）**によって，ヨーロッパでは**ヨーロッパ言語資源協会（ELRA）**によって公開されている．

希少言語や危機言語の資料化作業も新しい技術の恩恵を受けている．口承伝統による言語と文明（LACITO[4]）のアーカイヴサイトでは，ほとんど知られていない言語の録音に，話者の協力を得て調査現場で転写が施され，詳細な注釈を施したものが自由に利用できるようになっているが，これらの資料は研究者たちがインターネット上で利用できるようになっている．その上，今後数十年の間に消滅する危機に瀕している言語の場合，言語学者によって収集された音声データは言語文化遺産でもあ

---

4 〔訳注〕フランス国立科学研究センター（CNRS）に属する研究所である．http://lacito.vjf.cnrs.fr

るが,そのデータはデジタル技術によって理論上は永久保存が可能になった.とはいえ,まだやるべき仕事は多く残っている.音声学における資料化の現状は,技術的に可能なことがすべて実現できている状況にはない.おそらく将来の発展によって,研究者は,若手であれ熟練であれ,出版物の結論の根拠となる一次データ全体にアクセスできるようになり,馴染みのない言語のデータを基にして提案された言語理論や言語モデルについて,今まで以上に詳しい知見をもつことができるようになるであろう.一次データにアクセスできなければ,研究者間で無理解の生じる危険がある.言語学者は可能なかぎり多くの言語を知らなければならない.これはソシュールの教えであった.しかしながら各人の専門化が進むことによって,音声学に関連する研究者のうちごく少数だけが,直接に多くの言語に慣れ親しむということになっている.言語の多様性に十分開かれた研究となり,研究成果が累積されていく形で研究が行われるためには,共有される資源の質と量が非常に重要なのである.

　フランス語について言えば,「現代フランス語の音韻論——運用,多様性,構造」[5]という目下進行中の国際プロジェクトが,フランス語の話しことばのサンプルに文字化を施したデータベースをすべての研究者が利用できるようにすることを目指している.

5　〔訳注〕http://www.projet-pfc.net/ を参照.

第三章　音声学の道具

　まだ記述されたことのない言語であろうと，すでにいくつかの変種が詳細に記述されている言語の地域的，社会言語学的な変種であろうと，調査と分析の方法は，すべての言語に対して基本的に同じである[1]．これまで研究されたことのない言語の音韻体系を構築するには，往々にして何ヶ月も必要であり，また音素目録は言語の変種ごとに変わりうる．たとえば，母音の数はフランスの北と南で，あるいは若い話し手と年配の話し手で同じではない．単語を区別するために，ある言語が用いる音素，声調，あるいは声質の間の対立の体系を確立することは，その言語を徹底的に研究するときに常に必要となる第一ステップである．

　国際音声字母（IPA〈英〉，API〈仏〉）は，1886年にイェスペルセン O. JESPERSEN によって構想されたもので，言語学習のなかでの音声転写の必要性に答えるために，19世紀末に語学教師のグループによって考案された表記体系であった．IPAはいまだ改良の余地のある手段だが，すべての言語の音韻体系を記述するために用いることができるという決定的な利点があり，そのことによってきわめて多様な言語の研究データへのアクセスが容易になっている．

　音韻転写の体系としてIPAを利用する際には以下の二つの基

---

[1] マルティネ André MARTINET，『音韻論的記述 *La Description phonologique*』，Genève: Droz, 1956年．

本原則がある．

　a）　ある言語において弁別的な単音，すなわち音素は，二つの斜線/ /で挟まれた，ただ一つの記号によって表される．たとえばr音は，「ブルゴーニュのr音（舌尖が歯茎にあたってふるえる音）」やrareにおけるパリのフランス語の咽頭音的な/ʁ/の実現形，あるいはrourouの軟口蓋音的な実現形，さらにririのようにむしろ硬口蓋音化した実現形や，araのように声帯振動を伴っていたり，traのように伴わなかったり，摩擦のノイズがあったりなかったりと，音声面では複数の異なる音に対応するのだが，音韻論的に言えば，それらのr音は，フランス語ではただ一つの音素/ʁ/によって表記される．というのも，r音を他のr音に置き換えても弁別的ではない，つまり，置き換えてもフランス語の二つの単語を区別することにはならないからである．[p]と[pʰ]は英語では同じ音素/p/の二つの異音であるが，ヒンディー語では二つの音素/p/と/pʰ/を表す．

　b）　同じ音声記号は，それが用いられるさまざまな言語において，同一もしくは近い音色の音を表さなければならない．ただしこの原則はいつも厳密に適用されるわけではなく，活字が単純になるよう配慮して妥協することがある．たとえば，5母音を持つ言語における母音を記述するために，/a/, /e/, /i/, /o/, /u/という記号が多く用いられるが，それぞれの音色は言語ごとに大きく異なっていることもある．5母音をもつ，同じ言語の音韻表記でも，/o/と/ɔ/，/e/と/ɛ/の間で揺れがみられる記述もある．

　IPAは，言語の音素目録を記述するために役立つだけでなく，音素の実現における微細な変異を記述するために，多かれ少な

かれ精密な音声表記を行うときにも利用される. 音声表記では, IPAは角カッコ [ ] に入れて表記され, 微細な変異を表記するために76個の補助記号 (点やアクセント記号や何らかの記号) が用いられる. たとえば, [tʷ] の中の補助記号 ʷ は /t/ の実現が円唇化していることを示し, [u̟] における補助記号 ̟ は toute のように, /u/ が前寄りになることを表す. そのほかにも韻律的事象 (声調, 伸長, 発声の質など) を注記するための約束事があり, IPAを補完している.

耳による知覚は依然として音声学者の最重要な道具であり, 最終判断を下すものである. たとえどれほど精緻で大規模な分析であっても, 分節音あるいは韻律的事実を音響分析するだけでは, 最終的結論を引き出すことができない. その言語を母語とする聴取者による知覚実験が常に必要とされるのである. たとえば, 音響的次元で観察された変異は, たとえそれが規則的であっても, 母語の聴取者に知覚されないことがある. ところがそうした変異は, 知覚されることがなくとも, 音素の認識速度 (反応時間の短縮) に役立ちうるのである. 変異が知覚された場合には, その言語の母語話者にとって, その変異は意味を持ちうる. たとえば, より口蓋化の強い変異体を用いると, 発音された内容に, 心づかいや優しさのニュアンスを付け加えることがある. 近年の技術進歩によって, 反応時間の計測や脳神経細胞の活動による誘導磁場の計測を含む, 非常に精緻な知覚実験を行うことが可能になっている. さらには眠っている赤ん坊の音声知覚を調べることも可能となっている.

たとえ高度に訓練を受けた耳を持ってしても, 音を聞いただけで精密な音声表記を行うのは, しばしば困難である. 精密な音声表記を行い, 各音素の異なる実現形を計量的に研究するためには, スペクトログラム表示と, 分節音を一つ一つ単独で聞

くことが不可欠になる．たとえば，*stricture* という語に比べて，*structure* という語で，子音 /s/ の実現の際に円唇化が起きていることは，最も訓練を受けた耳でも聞き逃すことがありうる．しかし，両方の子音 /s/ の摩擦ノイズを別々に聴取することで，円唇化は明らかになるのである．インターネット上で無償で利用可能な音響信号の分析ソフトを用いれば，そうした「分析的」聴取が可能である．*structure* の /s/ が円唇化していることは，*stricture* の /s/ と比べて，摩擦音を発音する間に共鳴周波数が顕著に下降することにも現れており，それはスペクトログラム上でも容易に見分けがつく．

　真の精密音声転写は，当該言語の音韻対立を可能にする音響的指標の体系を明らかにし，他の言語の音素との音響的相違を表記することに適し，当該言語の母語話者に対して情報を伝える音響的ニュアンスをも記載するようにしなければならないだろう．フォルマントによる音声合成（クラット D. KLATT のシステム等）では，コンピュータは実験者の指定したフォルマント周波数に基づいて音声を再生するわけであるが（第五章参照），その合成技術を用いれば，フランス語，スウェーデン語，ドイツ語のように前舌の円唇母音と非円唇母音の対立をもつ言語においては，第三フォルマントを考慮する必要のあることが明らかになる．たとえばフランス語の母音 /i/ と /y/ は，第一フォルマントと第二フォルマントの値をそれぞれ同じ値として生成し，第三フォルマントの周波数によってのみ区別することができる．同じように，調音音声合成（前田 S. MAEDA のモデル等）によって生み出される音色は，音声器官の位置に関する情報をコンピュータに入力したもの，あるいは声道を単純化した図式に基づいているが，その音色は，両唇と舌，舌と顎の補償機能の重要性を示している．同じ音色が異なる形状の声道によって

も生み出されるためである[2]．このように，音声表記では，音韻対立が音響的次元において何に対応しているのかを記載する必要があり，また音声器官の間には補償現象が存在することから，新しいタイプの音声表記，すなわち信号のうち音声記述に関連のある音響特性だけに基づいた音声表記[3]を使ってIPAを補う必要があると思われる．これに対して伝統的な音韻特徴は，音響的特性（たとえば粗擦性），調音的特性（唇音，舌背音等），あるいはその両方（有声音，鳴音，有気音等）に基づいている．意味のニュアンスがどのような音響特性に対応しているかは，たとえば，分節音と韻律パラメータの観察値を，それと同じ発話を中立的に実現したときに予期される値と比較し，その差を計算することで数値化できるであろう．

ある言語の話しことばの研究は，音声学，音韻論，形態論，統語論といった，その言語のさまざまな次元における知識を土台にして初めて可能になる．言語の**母音**と**子音**の音素体系に関する適切な分析は，その言語を母語としない調査者であっても，語彙を徹底的に調査することで，たしかに実現可能である．というのも調査者は，音韻論によって十分に確立された方法論のすべてを利用できるからである．それに対して，母語ではない言語の**韻律体系**を記述しようとする取り組みは無謀である．その言語の母語話者にとっては情報をもたらすものであっても，非母語話者の研究者の注意をすり抜けてしまうかもしれない音響的詳細もあるからである．したがって，観察されたあらゆる韻律的事実の及ぶ範囲を，その言語が提供している形態的，統語的などのプロセス全体の枠組みの中に置き直してみること

---

2 〔訳注〕図1では両唇の働きが舌の位置を補うことがわかる．

3 ヴェシエール Jacqueline Vaissière によって開発中のシステム．

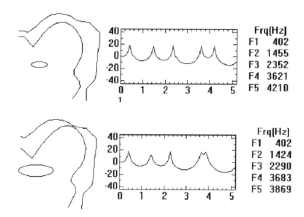

図1 両唇の働きは,舌の位置をかなり補うことができる.硬口蓋[4]円唇母音(上図)は,より後舌の非円唇母音(下図)と音響学的に非常に近く,後者は円唇母音になると,フランス語の /u/ に至る(調音モデルによる).フォルマント周波数は類似している.

が必要である.たとえば,フランス語の «*Est-ce que* tu viens?»「君は来ますか?」あるいは «*Viens-tu*?» (同じ意味)における est-ce que や倒置のように,疑問文であることが他の手段によってすでに示されている場合には,疑問文の最終音節における上昇イントネーションは必ずしも必要なものではないが,それを実現することで文に丁寧さや親切さのニュアンスが付け加わる.

多種多様なデータの採取はいまやかなり容易になっている.音声言語は複合的な現象であり,各々の現象をいくつもの角度からとらえる必要がある.実験室での実験では,音響的,調音

---

4 〔訳注〕「前舌」母音のこと.

的,視覚的,生理的といった複数のタイプのデータを同時に集めたり,人体の内部に挿入されない高度な機器を利用することができる.そうした実験は十分に統制された条件のもとで行われ,そうすることにより,たとえば調音器官の形状について直接情報を得られたりするなど,現象の解釈が容易になる.フィールド調査では,自然な状態でアクセスしにくい言語の自然発話データが,直接収集できるが,実験室の機器でフィールドに持ち運ぶことのできるものも次第に多くなっている.記録機器(音声録音機,ビデオカメラ,電子グロトグラフ〈声門図〉,エコグラフ〈超音波検査装置〉,呼気量および呼気圧センサー)の性能は止むことなく向上し,そうした機器の小型化によって,実験室外での使用が可能となっている.とはいえ,もちろんデータの取得に関して,調査者の教育が不要となるわけではない.こうして音声録音は,空気力学的データ(呼気流と呼気圧),パラトグラフィ(口蓋図)[5],グロトグラフィ(声門図)[6],ビデオ画像,エコグラフィ(超音波エコー図)のデータを収集することによって,フィールドで容易に補うことができる.音声学実験室でも,最近,話し手の顔面や調音器官に置かれたマーカーの移動を読みとるプログラムや,他の精密で人体の内部に挿入されない方法(超音波エコー法など)が利用できるようになっている.産出に関するデータの中には,医療現場でしか取得できないものもある.というのも,通常,臨床医が用いるような大型機器が必要になるからである.たとえば,(音声言語の産出

---

5 〔訳注〕舌と口蓋で調音される音の調音位置を詳しく観察するために,人口口蓋(artificial palate)などを用いて舌と口蓋の接触の様子を目に見える形で記録したもの(『言語学大辞典』,第6巻,三省堂,2001年,521頁から引用.

6 〔訳注〕声門開閉の時間変化を記録するもの.

に関わる神経や筋肉の電気的活動を研究するための) **筋電計測**，**X線撮影**データ取得，声道内部に挿入したファイバー内視鏡による音声器官の動画データ等がその例である．**磁気共鳴映像**（**MRI**）や，喉頭透光法，機能的脳画像，脳波（脳電図：**EEG**），脳磁図（**MEG**）もまた大変有用となることがあり，異なる分野の専門家との緊密な協働の枠組みによって行われる音声研究においては，ますます活用されるようになっている．フィールドや音声学研究室，あるいは医療現場において取得されたデータ全体のおかげで，ある言語の話しことば的側面の機能，そして機能不全についての知識が急速に発展することが可能となる．

　データのタイプがどのようなものであれ，今では情報機器に頼らずにデータを取得し処理できるということは稀である．データを蓄積し処理することはますます容易になっている．デジタル化されたデータベース収集と統計処理は，音声研究にとっては不可欠な手段になっている．さらには，インターネットのおかげで，すべての研究者が，論文やデータベースについて日々その情報を入手し，そしてとりわけ全世界の研究者の提供する音声を聞き，それについて自分のコンピュータで音響的，知覚的研究ができるということを指摘しておこう．

　この章を終えるにあたって，重要な点を二つ指摘しておきたい．得られる実験結果の適用範囲を絶対視しないことが常に大切である．研究対象となるコーパスのタイプ（語り，絵の叙述，自然対話，一語ずつの発音，テクストの読み上げ）や話者の選択，録音の条件（コンテクスト，話し手に与えられた指示）などが，得られる結果に影響を与えるからである．この指摘事項はしばしば守られていないのだが，いかなる一般化を行うにも，その前に可能な限り慎重を期さねばならない．

音声研究の道具立ては止むことなく進化を遂げる．かねてから実験音声学の研究に利用されてきた道具立ては進歩し，一方，新たな道具立ても生まれている．その例として，人体の内部に挿入されない方法で声門の開閉を推定できる（非侵襲）外部光電声門図[7]（EPGG）を挙げることができよう．

---

[7] 2009年にパリで本多清志Kiyoshi Hondaと前田眞治Shinji Maedaによって発明された．
〔訳注〕External lighting and sensing Photo GlottoGraphy（EPGG）のこと．喉の外側，声門より上部に皮膚を通過する光を照射する投光器を，声門より下部の皮膚に受光センサをとりつけて，声門の開閉を計測するタイプのグロトグラフィ（声門図）．鼻から喉に内視鏡を通すタイプに比べて被験者の負担が小さい．

第四章　音声器官

　音声器官の振るまいの研究は調音音声学の分野に属す．それは音声学の最も古い分野である．19世紀末にはすでに，自己観察に加えて，静的パラトグラフィ（口蓋図法）が用いられるようになっていた（1850年から）[1]．

　動的な現象や調音結合についての研究は，X線図（1895年），筋電図（1929年），スペクトログラフィ（1941年），X線映画（1954年），動的パラトグラフィ（1960年），空気力学的計測，X線マイクロビームシステム（1970年代に藤村靖によって作られた），磁気センサシステム（電磁調音図）などのいくつかの発明を利用することで，20世紀になってようやく本格的に始まった．さらに近年では，ファイバースコープの助けを得て声道内部に配置された超高速度ビデオカメラや，三次元磁気共鳴映像法（MRI）が，調音器官の位置と活動について貴重な情報をもたらしてくれる．最後に，**調音データに基づく音声合成**は，それだけで調音と音響と知覚を関連づけることを可能にし，そのモデル化は調音音声学の領域における発展の主要な源となった．

　ヒトは，言語を産出することが主たる機能ではない器官を使って，ことばを発する．**音を発するのに**，ヒトは肺，喉頭，舌，

1　ルスロ神父 Pierre-Jean Rousselot とマルグリット・デュラン Marguerite Durand 古典期の研究を参照．

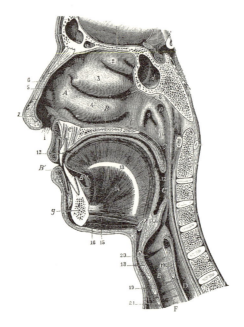

音声言語生成に関与する主要器官を含む, 頭部および頸部の矢状断面図. ルスロ神父著『実験音声学の原理』(1897-1908) に用いられたテステュ Testut (1889 年,『人体解剖学概論』Traité d'anatomie humaine) の挿絵.

A	右鼻腔	1	右鼻孔	12	舌粘膜
B	口腔	2	上鼻甲介	12'	舌盲孔
B'	口腔前庭	3	中鼻甲介	13	舌中隔
B"	舌下部	4	下鼻甲介	14	オトガイ舌筋
C	咽頭鼻部	5	鼻腔粘膜	15	オトガイ舌骨筋
C'	咽頭口部	6	側鼻軟骨	16	がく舌骨筋
D	食道	7	鼻翼軟骨	17	喉頭蓋
E	喉頭	8	咽頭扁桃	18	甲状軟骨
F	気管	9	耳管咽頭口	19, 19'	輪状軟骨
		10	ローゼンミュラー窩	20	喉頭室
		11	口蓋帆および口蓋垂	21	第一気管輪

両唇および口蓋帆を利用する．動物においてもヒトにおいても，肺の第一の機能は呼吸（身体への酸素供給）であり，喉頭の第一の機能は，気道の保護である．舌の主要な機能は，咀嚼と嚥下である．サルもヒトに類似した形態を有しているが，「話す」ことはできない．ヒトの成人は喉頭が低い位置にあるため，舌の可動性が非常に大きくなる．他方，乳児やさまざまな哺乳類は，喉頭が高い位置にあるため，呼吸と吸飲は同時に可能であるが，舌の可動性が制限される．とはいえ，種の系統発生を考慮するならば，ヒトに言語活動という創造的な能力が出現したのは，おそらく声道が発達したためではなく，認知能力が増大し，大脳のブローカ野やウェルニッケ野が増大したことと関係があろう．サルとヒトの主要な違いは，ヒトにおいて大脳皮質がより高度に発達した点にある．サルにことばを教えることは不可能であることがわかっている．遺伝子のなんと99％までもがヒトと共通しているチンパンジーの中には，150あまりの単語の意味を習得できるものがいるが，彼らとても，それらの語を自発的に組み合わせて新しい文を作ることはないのである．

　発話行為は，いくつかの段階（発話のループ）に分解することができる．まず**心的段階**は，話すことを意図する段階である．**言語的段階**は，語彙の中から伝達するメッセージに合致する単語を選別し，その言語の統語規則にしたがって語を配列し，メッセージ全体の意図に適した韻律を選択することからなる．**生理的段階**は，両肺や喉頭，舌，両唇や口蓋帆の筋肉を動かすことであり，それは音声言語の産出となって現れる．そして**音響的段階**がある．話し手が生み出す音波は，聞き手の鼓膜を振動させ，そして以下の段階でメッセージのコード解釈が生じるのである．まず**生理的段階**（耳と聴覚神経の段階）があり，次に**言語的段階**，最後に心的段階があって，メーセッジが理解される．

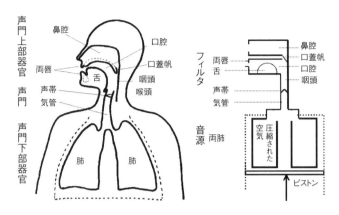

図2　いわゆる「ことば」の諸器官の図示

　音声言語の産出は三つの主要な過程を含む．それは，呼吸と発声と調音である（図2を参照）．いわゆる「ことば」の諸器官は，ことばの生成における役割に応じて，一般に三つのタイプに分類される．（Ⅰ）声門より下に位置し，発声，および呼気流によるノイズ（摩擦音，破裂音）の生成に必要な呼気流を生み出す**呼吸筋**，（Ⅱ）声門付近に位置し，喉頭の振動音を生み出す**発声器官**，（Ⅲ）声門より上に位置し，その振動音（音源信号）をフィルタにかけ，さまざまな連続音を生み出す**調音器官**である（67頁の図6を参照）．

　（Ⅰ）**声門下部**．肺，気管支，気管，呼吸器官は**送風器**の役割を演じる．通常の呼吸においては，吸気と呼気の持続時間の割合は近い（それぞれ40％と60％である）．話をしようと意図するときには，話者は通常の呼吸時よりも多くの量の空気を，よ

り短い時間で吸い込む．音声は呼気の際に発するわけだが，その時間はしばしば吸気の十倍の長さになる．胸郭と横隔膜の動きは，自転車の空気入れのピストンのように肺の空気を圧縮することで，気流が声帯を通って排出されるのに必要な声門下圧を作り出している．胸郭，横隔膜，腹部の能動的な筋力は，受動的な弾力（組織がもっている弾力的特性のこと）と合わさって，声門下圧を比較的一定に6〜10 cm H_2O の超過圧（ことばを発している間に，わずかに低下することもある）に保とうとする傾向がある．ことばを話している間の平均的な呼気流はさほど大きくなく，毎秒100〜300 ml である．空気の総消費量からいえば，最も効率的な音は，有声破裂音（50 ml）と母音，次いで有声摩擦音（75 ml）である．無声破裂音は80 ml，無声摩擦音は100 ml を消費する（ラス R. LASS による）．

（Ⅱ）第二段階は**発声**である．発声は肺から出てくる気流を，声帯の振動によって生み出される，ぶんぶんといううなり音へと変える．肺から排出された空気は気管を通って，声帯のある喉頭に達する．図3（56頁）は，気管の上端をなす喉頭を表し，声門のさまざまな形状（下の説明を参照）を示している．

喉頭は，成人男性では前に突き出ている（「のど仏」のこと）．喉頭の中には**声帯**（楽器との誤った類推から「声の弦」と不適切な呼ばれ方をする）があり，それは粘膜で覆われた二つの振動する筋肉からなり，声帯を保護する甲状軟骨と，声帯の長さや隔たりを変えられるようにする二つの可動性の軟骨（披裂軟骨）の間に収まっている．二つの声帯の隙間は**声門**と呼ばれる．声帯が離れている，つまり声門が開いているときは，無声音 [p, t, k, f, s, ʃ] を発している間のように，継続的な気流が自由に通過する．声門閉鎖音を発するときのように声帯が強く狭め

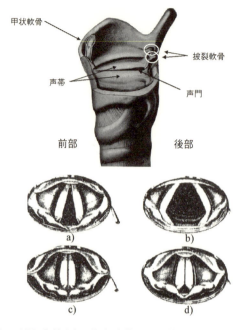

図3　上図：気管上部，喉頭，声帯，声門，披裂軟骨．
下図：a) 呼吸，b) 深い吸気，c) 発声，d) ささやき声
（上図はファーンズワース FARNSWORTH 1940，下図はペルンコップ PERNKOPF 1952 による）

られると，気流は阻害される．声帯がゆるくくっついているとき，それはことばの音の大部分を占める有声音に該当するのだが，気流は声帯を振動させ，その振動が気流を一連の断続的な空気のかたまりに分断し，ぶんぶんといううなり音を生じさせる．そのうなり音はすべての有声音でほぼ同じである．そうした場合，声帯は発振器の役割を果たす．系統発生論的には，（I）声帯が括約筋の機能を果たし，肺の中に食物が入らないよう

気道を保護し，力をこめる場合に肺に与圧することもできる[2]．また，(Ⅱ)声門の開閉度が呼吸の調整に貢献する．声帯は新生児で3mm，思春期には10mmの長さで，成人男性でさらに5〜10mm，女性でさらに3〜5mm長くなる．

　言語音の大部分は，声帯が振動することで生み出される有声音である．喉に手のひらをあて，[a], [z], [s]と発音していただきたい．最初の二つの音では振動が感じられるのに，無声音である最後の音には振動がないことがわかる．このテストをフランス語のすべての音素について繰り返してみると，無声音である [p, t, k, f, s, ʃ] を除く大多数の音が振動を伴っていることに気づくであろう．ことばを話す間の声門下圧は約8〜10cm H_2O で，声帯より上部の気圧（口腔内圧）より高い．この声門下圧と口腔内圧の差によって，空気が肺から流れ出るわけである．声帯が振動するには，披裂軟骨の回転によって声帯が互いに接着する．声帯を振動させるには，3〜5cm H_2O の声門上下圧の差があれば十分であり，振動を維持するには1〜2cm H_2O の圧力で足りる．閉鎖音 /b, d, g/ の閉鎖や，摩擦音 /v, z, ʒ/ の声道レベルでの狭窄，あるいは /i, y, u/ のような非常に狭い母音の実現は，口腔内圧を上昇させ，声門上下圧差を減じ，その結果，声帯の振動を妨げるか，振動の開始を遅延させる．結果として，自然な傾向として狭母音は無声化することになる．日本語では狭母音が無声子音にはさまれると必ず無声化する[3]．カナダのフランス語において，狭母音の前の歯破裂音が破擦化するのも

2　〔著者補足〕出産や大便における「いきみ」でも，肺への与圧が必要であるが，そうしたことも可能になる．

3　〔訳注〕関西の日本語では無声化が起きることが少ない．また標準的な日本語においても，「必ず」無声化するわけではない．

この現象による.たとえば ta petite voiture「君の小さな車」が ta pt^{s}ite voit^{s}ure のようになる例である.ただし [u] の場合には破擦化は起きない.

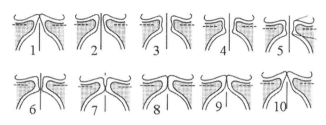

図4　声帯振動の一周期
（平野1981による）

周期の出発点では,声帯はゆるく閉じられ,空気の流出を妨げる（図4の1）.気流の押す力によって,閉じた声門下の圧力が上昇し,声帯が上へ持ち上げられ,声帯間の接触面積が小さくなり,ついには互いに離れて,空気が流れ出る（図4の2）.空気の流出は二つの声帯の間に減圧された領域を生み出すが,筋肉が弾力的であるため,声帯の下部が互いに近づく（図4の3～6）.そして声帯は,ちょうど風でばたんと閉まるドアのように,急激に閉じられる（図4の6）.気流の通路は遮断され,声帯下の圧力が再び上昇し（図4の6～10）,そしてついには声帯が離れ,結果として,一連の周期が再び始まる.声帯の閉鎖の質は,効率のよい声や,中次周波数,高次周波数域における倍音の振幅を強めることを保証する.この声帯の閉鎖の質が発声の質を左右するのである.

声帯振動の平均周波数は,個人によって異なるが,とくに声帯の質量に依存し,それは年齢や性別と関係がある.声帯の質量が大きいと,それだけ振動のリズムは遅くなる.声帯は成人

男性において平均で毎秒120回,女性では240回,子供は350回,新生児は400回あるいはそれ以上振動する.個人における声帯振動の平均周波数は,人生を通して変化していく.年齢とともに,女性の声は低くなり,男性の声は高くなる.

　話し手は,母音や鳴音を発する間,声帯振動の周波数を意図的に増大(あるいは減少)させることができる.通常のことばでは,声帯振動のリズムを変えようとする努力は,主に喉頭において行われる.というのも振動のリズムは,主に**声帯の緊張度**によって制御されるからである.声帯がぴんと張っていれば,それだけ振動の周波数は高くなる.披裂軟骨の動きによって,声帯を伸ばすことで,声帯の緊張度は上がる.もう一つ,振動のリズムを増大させる方法がある.それは両肺のより強い圧縮によって,**調音努力を強化する**方法であり,強調アクセント,叫び声,いくつかの病理において用いられる.そのようにして生じる声門下圧の上昇は,声帯運動の振幅,すなわち音の物理的強さを大きくし,同時に声帯振動の周波数をも増大させる.

　声門閉鎖音のときには,声帯は短くなり強く狭められる.発声時には,声帯はゆるく狭められて振動する.少なくとも一般には,無声音を実現するためには,声帯は程々に離れ,有気音のときは大きく離れる.

　図5(60頁)は,声門の簡略化した図式と気流の体積速度,そしてそれぞれの声門の形状から生ずるぶんぶんといううなり音(声帯振動音)のスペクトルの形状を示した図である.

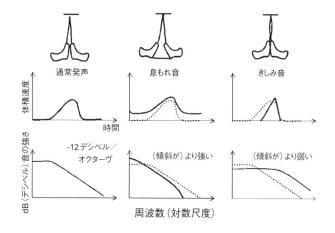

図5 通常の発声,息もれ声,きしみ声
（スティーヴンスの図を編集）:
声帯（上図）,気流速度（中図）,喉頭音源のスペクトル傾斜（下図）

　発声の質には,いろいろなものがある.通常の発声では,声門の開く時間は閉じる時間よりもゆっくりしている.喉頭音源のスペクトル傾斜（第五章参照）は-12デシベル／オクターヴ（dB/octave）[4]である.これに対して息もれ声では,声門の閉鎖がしばしば不完全で,通常の発声ほど速くないため,結果として声帯の閉鎖と開放の動きがより対称的になる.その音響的な結果としては,スペクトル傾斜がより急になり,高次の倍音の振幅が小さくなる.このため,息もれ声はあまり明瞭ではない.きしみ声の場合には,披裂軟骨が狭まり,声帯はその縦方向の

---

4 〔訳注〕1オクターヴ上がるごと,すなわち周波数が二倍になるごとに12デシベル弱くなる.

一部分しか振動することができない．中次周波数と高次周波数域は強められる．声門の閉鎖がとくに効果的で，きしみ声は一般によく響く．世界の諸言語では，声門の異なる状態を利用するのに二つのタイプが見られる．声帯のさまざまな状態は，母音や子音間の対立を実現するために用いられ（音韻論的役割），また態度などを示すために用いられうる（音声学的役割）．モン語（モン・クメール語派）のように，声の質をレジスター[5]として利用する言語では，二つの単語が，音素の連なりが他の点に関しては同じであるのに，声帯の振動の仕方によって対立することがある．つまり，通常の発声（普通の，**無標の声**）が一つのレジスターで用いられ，**息もれ声**が別のレジスターで用いられるのである．フランス語では，声の質の違いは弁別的，すなわち音韻論的役割を担わない．歌手のジェーン・バーキンにみられるような，女性の意図的な息もれ声は，誘惑あるいは親密さを思い起こさせうる．きしみ声は怒りを想起させうるものである．

（Ⅲ）第三段階は**調音**である．声をことばに変える段階である．声帯振動によって生じたうなり音は，**共鳴腔**（別の言い方では共鳴器）の役割を果たす複数の声門上位腔においてフィルタされる．その腔部とは主に，咽頭・喉頭腔，口腔，鼻腔のことである．それら腔部の共鳴特性は，下顎，舌，両唇，口蓋帆が介入することによって，また言語によって程度の差はあれ用いられる咽頭部の前進あるいは後退によって，さらには喉頭の高さによっても変えることができる．うなり音の倍音のうちで，共

5　〔訳注〕声調の対立の一種であり，具体的には，音声学上でいう発声の型の違いを音韻論上の弁別特徴として利用する場合を，レジスターの対立（register contrast）と呼ぶ．『言語学大辞典』第6巻，三省堂，2001年，1407頁．

鳴腔の固有振動（あるいは，声道のアウトプットとインプットの関係を定義する伝達関数における**極**）と一致する倍音が強められ，フォルマントとして表れ，他の倍音は弱められる（第五章[6]を参照）．

音声言語は，平均して120ミリ秒ごとに，下顎と舌が下降と上昇の運動を交互に行うことに対応している（ソシュール）．そのうちの下降運動は主に母音の実現に結びつき，上昇運動は子音の実現に結びついている．狭窄の度合いによって，最も狭いものから最も広いものの順に，閉鎖音，摩擦音，半子音，狭母音，半狭母音，半広母音，広母音が区別される．顎の一回ごとの開閉の動きの大きさは韻律によっても制御される．下顎の下降が大きくなると，一方で，それだけ舌の動きが精密になり，他方で，第一フォルマントの周波数を上昇させ，したがって物理的な音の強さを増大させる．アクセントが置かれた母音の実現には，たとえそれが /i/ のような狭母音であっても，顎の通常より大きな下降を伴う．

---

6 〔訳注〕第3版の第四章は誤植．

第五章　音声信号と音響音声学

　音響音声学は，話し手の口から聞き手の鼓膜へと伝達される信号の物理的特性を研究する．ここでは音波一般，次いで音声信号について，いくつかの知識を説明することにしよう．このうち音声信号は，自然の「雑音」とは異なり，人間の声道によって産出されるという特性を持っている．

　物理学者で生理学者でもあったヘルムホルツ H. Helmholtz (1867) は信号の分析とその知覚の科学的な基礎を築いた．19世紀末にフーリエ J. Fourier 男爵の発見した関数であるフーリエ変換によって，あらゆる波は，たとえそれがどんなに複雑であろうとも，周波数と振幅と位相の異なる一連の基本的な正弦波に分解できるようになった．電話 (1876年)，マイクロフォン (1878年)，テープレコーダー (1948年)，スペクトログラム (1941年) の発明と，その後の1960年代における音声技術の発達 (1960年のフォルマント合成，1952年以来の音声認識，そしてコンピュータによる信号処理) によって，音声研究において**音響学的次元**が重要性を増し，連続する音素間の調音結合の現象の記述が本格化した．1952年のピーターソン Peterson とバーニー Barney による英語の母音に関する論文[1]は，母音の音色の知覚が最初の三つのフォルマント値[2]と関係

1　〔訳注〕Gordon E. Peterson & Harold L. Barney "Control methods used in a study of the vowels." *Journal of the Acoustical Society of America* 24, 1952年, 175–184.
2　〔訳注〕第一，第二，第三フォルマントの値．

があるということだけでなく，男性，女性，子供が母音を発するときの音響的変異性をも見事に例証した．同じ時期に，弁別素性の音響関連量に関する『序説』[3]が現れたが，その素性の目録は，きわめて限られたものでありながら，世界の諸言語によって用いられるすべての弁別的差異を特徴づけることが可能であるという．1960年，日本人の千葉と梶山 (1941)[4]の研究の系譜に連なる，スウェーデン人ファントの『音声生成の音響理論』が，声道の形状（X線撮影によるデータ）と声道の共鳴特性との関係をきわめて詳細に説明した．声帯の最初のモデルは，石坂とフラナガン FLANAGAN (1972)[5]によるものである．1970年代にはすでに，MITのスティーヴンスの研究が，弁別素性の実現には，音素の実現において観察される大きな変異を越えて，絶対的な音響的不変性が認められる（**不変理論**）と主張し，論争を巻き起した．そのモデルによれば，ある音素は，その音響的・調音的特性が安定していればいるだけ，世界の諸言語においてよく見られる音素であるという．

音波とは，周囲の媒質の粒子が振動して生み出される**圧力変化の伝播**を言う．ここで言う媒質とは，人間にとっては空気，

---

3 〔訳注〕Roman JAKOBSON, Gunnar FANT et Morris HALLE, *Preliminaries to Speech Analysis*, Cambridge, Mass: The MIT Press, 1952年．邦訳，『音声分析序説：弁別的特徴とその関連量』竹林，藤村訳，英語学ライブラリー60，研究社，第3版，1977年．第一章の26-27頁参照．

4 〔訳注〕Tsutomu CHIBA, Masato KAJIYAMA, *The Vowel: Its Nature and Structure*, Tokyo：Kaiseikan, 1941年．邦訳，千葉勉，梶山正登『母音―その性質と構造』杉藤，本多訳，岩波書店，2003年．

5 〔訳注〕Kenzo ISHIZAKA & James L. FLANAGAN, "Synthesis of voiced sounds from a two-mass model of the vocal cords," *Bell System Technical Journal* 51, 1972年，1233-1268．

魚にとっては水のことである．空気の粒子は静止状態にあるとき，あらゆる方向に急速に動き，等間隔である．衝撃により空気の粒子が動き始めると，局地的に空気の希薄な領域と超加圧の領域が交互に作り出されるようになる．圧力変化の伝播は速く，20℃の温度で毎秒およそ340 mである．圧力の変化は，鼓膜の段階で力学的振動へと変換される．(第八章参照)．

音の音響的特性は以下のものを含む．
− 音の**持続時間**．
− 知覚される音の高さと関係し，F_0[6]と表記される，音の**基本周波数**(音がほぼ周期音の場合に検出可能である)，さらに声の質に関係する**音源信号の形状**．
− 音の物理的な**強さ**．強さは主に全体的な音響学的振幅と，低・中・高次周波数域におけるエネルギーの相対的分布(スペクトル・バランス)とに依存する．
− 音の**スペクトル構成**．周波数の尺度上におけるエネルギーの分布(母音ではフォルマント，ノイズでは周波数尺度上のエネルギーの分布)と関係がある(第八章参照)．
− 音が静的様相を示すか，動的様相(二重母音，渡り等)を示すかの違い．

言語音は，人間の声道というフィルタを通した産物であり，聞き手にもそのようなものとして解釈されるという特質をもっている．図6(67頁)は，**音源フィルタ理論**を図示したものである．すべての有声音は，声帯の振動によって生み出される声門のうなり音を音源とする．うなり音(音源信号)は，基本周波数

---

6 〔訳注〕F_0は「エフ・ゼロ」と呼ばれる．

（声帯振動の周波数にあたる）と，基本周波数のすべての倍数である倍音によって構成される．たとえば，声帯が毎秒120回（成人男性の平均値）振動するならば，音源信号は以下の倍音の周波数によって構成される．120 Hz, 240 Hz, 360 Hz, 480 Hz, 600 Hz, 720 Hz, 840 Hz 等である．このうなり音が声道を励起させるのだが（図6の1），声道は瓶の容積と同じように，閉じられた容積を有する．ところで，すべての閉じられた容積は，その伝達関数によって表される自然共鳴を有しており，その容積は調音器官の運動によって変わりうる[7]．4000 Hz（女性では，主に喉頭がより高い位置にあることから，声道が男性より短くなり4500 Hz）以下では，およそ四つの自然共鳴が起きる．中立的母音/œ/のように，狭めのない，中立的な位置での声道は，片方の端（声門）が閉じられ，もう片方の端（両唇）が開いている均質な管によってモデル化することができる．その管の長さが17.5 cm（男性の声道の長さに相当）であれば，自然共鳴は500 Hz, 1500 Hz, 2500 Hz, 3500 Hz である．声道というフィルタを通る際，声道の自然共鳴に対応する倍音の帯域が強められ，他の帯域は弱められる（図6の2）．エネルギーが集中する強められた倍音の帯域は，フォルマントと呼ばれる．フォルマントは，最も低い周波数を持つものから順に番号をつけて，第一フォルマント（F_1），第二フォルマント（F_2），第三フォルマント（F_3）などと呼ばれる．したがって，フォルマントの周波数は，それを生み出した腔部の形状について間接的な情報を聞き手に与えてくれるのである．結果として生じる信号（図6の4）は，音源信号と伝達関数をかけあわせた積となっている．デフォルトのタイプである通常の発声の場合，スペクトル傾斜は音源に

---

7 〔訳注〕第3版60頁のet le volume clos... vocalは誤植．

おいて約-12dB/octであるが，その傾斜は，両唇における放射と呼ばれる現象によって6dB/oct上昇する（図6の3）．息もれ声の場合には，スペクトル傾斜はより急になり，きしみ声ではより緩やかになる[8]．声門や声門より上の腔部に位置する声を伴わない，または周期的ではない他のタイプの音源も存在する．たとえば閉鎖音が解放されるときの声門上位腔での破裂ノイズや，声門上位腔での摩擦ノイズ（摩擦音および閉鎖音），声門における気息のノイズ（気息化された閉鎖音，有気閉鎖音）がそれであり，それらは声門の音源信号と同じように，通過する腔部においてフィルタされる．

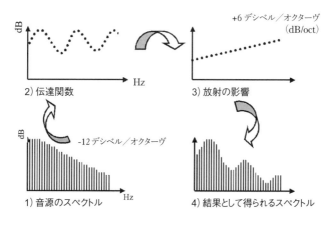

図6　音源フィルタ理論

フォルマント周波数は，とりわけ腔部の長さに依存する．瓶に水を入れていくと，水のはねる音は，瓶が水で満たされるにつれて高くなる．つまり空気の占める空間が小さくなればなる

8　〔訳注〕60頁の注4と60-61頁の説明を参照．

ほど，自然共鳴は高くなる．音がとても高くなったら，蛇口を閉めるときだという合図なのだ！ 成人男性と比べ，子供の場合のように声道の長さが半分になると，自然共鳴は二倍の高さになる．声帯の振動によって作られる周期的なうなり音が，音声言語を産出するための主な音源である．しかし，摩擦子音の場合のように，声道の途中に強い狭めのあるところでも，同じように継続的なノイズ源が生み出される．その場合，狭めより前の腔部が短くなればなるだけ，つまり狭めの場所が前寄りであればあるだけ，摩擦音のノイズは周波数が高くなる．このとき励起される共鳴は，主に狭めより前に位置する腔部の共鳴である．したがって，ノイズは /ʃ/ よりも /s/ のほうが鋭くなる．なぜなら，/ʃ/ では両唇を前に突き出し舌を奥に引くことで，前の腔部が広くなり，それによりノイズの高さを低下させるからである．

　共鳴の変化の可能性は，解剖学的な制約によって限定される．最も低い共鳴である第一フォルマントは，男性話者の場合，150 Hz（閉鎖音のために声道を完全に閉鎖した場合），300 Hz（狭母音），800 Hz（最も広い母音）の間で変化しうる．第二フォルマントは 750 Hz から 2500 Hz の間で，第三フォルマントは 1500 Hz から 3400 Hz の間で変化しうる．すべてのフォルマントは声道の全体的な形状によって変化するが，なかには他のフォルマントよりも，一部の調音器官の動きにより敏感なフォルマントもある．第一フォルマントは，下顎と舌の両方，あるいはどちらかが下がると，急速に上昇する．第二フォルマントは，舌の前後軸上の位置に敏感であり，舌の全体が奥の方にあるときは，両唇の形状にも同じくらい敏感である．第三フォルマントは，舌全体が前の方にあるとき，前方の腔部の長さに特に敏感である．第四フォルマントは，他のフォルマントよりも

扱いづらい.

　三つの音響学的原理が, スペクトルの特徴に決定的な作用を与える.

　まず第一に, 各フォルマント周波数は, 厳密に独立したやり方で制御することができない. たとえば, 他の条件が同じであるとすると, 後舌母音の場合, 第一フォルマント周波数の低下が第二フォルマント周波数の低下をも引き起こす. 第三フォルマントが第四フォルマントに接近すると (たとえばフランス語の /i/ の場合), およそ 3000〜3200 Hz あたりに強いエネルギー (スペクトル上の突出部) を作り出すことができるが, それは第一フォルマントが非常に低い場合にのみ可能となる.

　第二に, **物理的な強さ**は, 主に第一フォルマント周波数の寄与するところに依存する. 他の条件が同じであるとすると, /a/ は母音のなかで最も強くなるが, それは /a/ が最も高い第一フォルマントを持つためである. また第一フォルマントが非常に低い母音の /i/ と /u/ は, 強さの弱い母音であり, 音変化が示すように, 母音 /a/ よりも変形したり消滅したりしやすい. たとえば, ラテン語の語末の -a はフランス語で無音の -e になったが (ラテン語 *bona*「良い」> フランス語 *bonne*), 他の語末母音は消失してしまった (ラテン語 *bonum*「良い」> *bonu* > フランス語 *bon*)[9].

　第三に, フォルマントの**知覚的な明瞭度**は変化しうる. 二つの共鳴 (二つのフォルマント) が接近するとき, それは狭めがきわめて強かったり, 前腔部と後腔部が大きく異なる直径を持っていたりする場合に起こりうるのだが, 二つの共鳴の振幅は互いに強めあい, 振幅と共に聴覚的明瞭度も強まる. フランス語

9　〔訳注〕第3版の bonna は誤植. bonus は対格形 bonum が望ましい.

の標準的な /i/ は，3000〜3200 Hz あたりにある第三・第四フォルマントの振幅が相互に強められるという特徴を持ち，フランス語の /y/ は 1900〜2000 Hz あたりにある第二・第三フォルマントの振幅が互いに強められるという特徴をもっている．このように二つの近いフォルマントを持ち，それゆえそれらのフォルマントが強められた母音が，焦点的母音である．逆に，たとえば鼻音化のときのように，側面の腔部への分岐があると，反共鳴（および追加的共鳴）を引き起こし，いくつかのフォルマントの振幅を減じたり，フォルマントの位置をずらしたりする．ある言語において，発声器官と調音器官全体が，いくつかの音素間に明瞭な音響的コントラストをつけるのに貢献することがある．そのため，ある言語における音韻対立の体系の音声学的実現は，数量化することがより難しい調音器官の形状の相違として調音面で記述するよりも，音響的相違として，音声面で記述するほうがしばしば容易である．たとえば，喉頭が上昇すると，結果として後腔部の長さが短くなり，それゆえフランス語の /i/ の第二フォルマントのように，後腔部に依存する半波の共鳴周波数が上昇することになる．

　舌と両唇のみを考慮に入れる伝統的な調音表示や，第一フォルマントと第二フォルマントだけを考慮に入れた母音三角形を用いた母音の音響的表示は，基礎研究にとってもその応用にとっても十分なものではない．

　スペクトログラムは，音の三次元的な視覚表示である．それによって音の音響特性の主要なものを研究することが可能になる．図7は，男性話者によって発音された文の一部，「ここに一握りのクルミとハシバミの実があり……Voici une poignée de noix et de noisettes...」に対応するスペクトログラムを表している．水平軸は時間軸を（それぞれの目盛は100ミリ秒を表す），

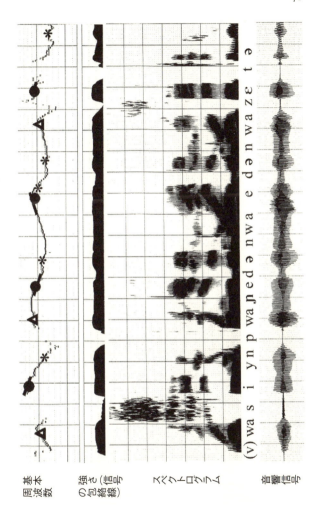

図7 「ここに一握りのクルミとハシバミの実があり…… Voici une poignée de noix et de noisettes...」という文の出だし部分の基本周波数曲線, 強さの包絡線, スペクトログラム, 音韻転写と信号

垂直軸は，この図では0から7000Hzまでの周波数の軸を示している．線の濃さの度合いは，周波数尺度上のエネルギー分布を表し，それはスペクトル構成要素すなわちフォルマント（およびノイズ）の強さと関係する．重要なことは，音素とは抽象的な概念であって，厳密な意味において物理的な持続時間を持つものではないということである．たとえば，フランス語の母音/y/[10]に対応する円唇性の素性の実現は，structure「構造」という語においては，前述のように[11]stricture「狭窄」とは異なり，最初の子音/s/のときからすでに始まっている．広帯域のスペクトログラム（図7や図8参照）によって，フォルマントを目に見えるようにできる．これに対して，狭帯域（45Hz）のスペクトログラムでは，一連の倍音を見ることができる．図8は，フランス語（標準フランス語，男性話者）のいくつかの子音のスペクトログラムを例示したものである．

　言語音のスペクトログラム分析によって，さまざまなタイプの音を見てとることができる．読者は以下に記述する音響学的観察をスペクトログラム上で確認していただきたい．

－**有声音**は，とりわけ，スペクトログラム上の非常に低い周波数帯にボイスバーがみられること，また検出システムによって基本周波数が自動的に検出されること（図7の最上部，71頁参照[12]）によって特徴づけられる．こうして，無声阻害音/p/ /t/ /k/ /f/ /s/ /ʃ/は，有声阻害音/b/ /d/ /g/ /v/ /z/ /ʒ/と区別される．またスペクトログラム上でボイスバーが部分的あるい

10　〔訳注〕structureの最初の u [y] の部分．
11　〔訳注〕第3章の45頁を参照．
12　〔訳注〕図7の一番上にある基本周波数を見てみると，無声子音p, t, sでは波形が途切れているのに，有声子音d, n, ɲ, z, wでは波形が自動的に検出されていることがわかる．

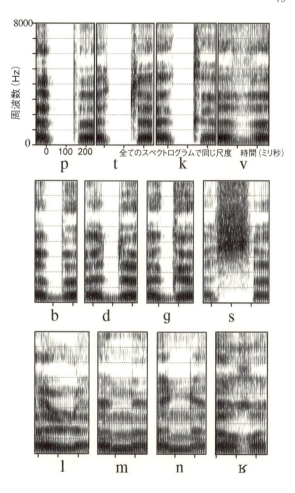

図8 母音 [œ] の間に置かれた
フランス語の12子音のスペクトログラム

は完全に欠如していることで，音が環境によって無声化していることがわかる．たとえばrobe sale「汚れたドレス」における/b/は，ro*p*'salのように，またbague perdue「失くした指輪」の/g/は，ba*c* perdu「失敗したバカロレア」のように知覚される．有声閉鎖音や有声摩擦音を発音する間に，基本周波数のカーブに小さな谷が見られるが，それは声帯振動のリズムが非意図的に一時低下するためである．そうしたリズムの低下は，声門上位腔の狭めによって口腔内圧の上昇が引き起こされ，結果として声門上下圧差が減少することによるものである（ミクロメロディー）．

- **母音**は，低周波数帯と中周波数帯においてフォルマントが存在すること，また音響信号上のエネルギーの局所的頂点（同じく第一フォルマント周波数の局所的最大値）が存在することによって，母音であると見てとれる．母音は，周辺の子音に比べると声道が開いており，第一フォルマント周波数とそのエネルギーは増大し，母音の間に時間軸上で局所的最大値に達する．母音はボイスバーを有するが，環境によって無声化した場合はむろんその限りではない．たとえば，フランス語のschisme「教会分裂」という単語の実現の際には，しばしば母音/i/の無声化が観察される．

- **閉鎖音** /p/, /t/, /k/; /b/, /d/, /g/は，閉鎖の持続の間は中周波数帯と高周波数帯においてエネルギーが不在であること，また解放時に破裂バーがあることによって，閉鎖音であるとわかる．

- **摩擦音** /f/, /s/, /ʃ/; /v/, /z/, /ʒ/は，声門上位腔の狭めのところで生じ，その狭めよりも前にある腔部でフィルタされた，継続的なノイズが摩擦音の持続中にあること，また解放時に破裂ノイズが存在しないことによって特徴づけられる．スペ

クトログラムが示すように, /s/のノイズは/z/のノイズより内在的に強い[13]が, それは/z/では声門上位腔の摩擦ノイズの物理的強さを犠牲にして声帯振動が起こるためである.
－鳴音は, 母音の場合と同じように, フォルマントが存在することで特徴づけられるが, 鳴音は母音よりも振幅が弱い.

スペクトログラム上では, 音素の実現に対応する事象間の継続時間を計測することができる. 声道の形状の変化は漸次的なものだが, スペクトログラムには音響的な断絶が現れる. そうした断絶は, 以下の四つの要因によって発生する. まず, (Ⅰ) いくつかの共鳴の励起が突然停止することによる場合である. たとえば, 声道内の一地点で, 閉鎖や強い狭めが実現することにより, 狭めより後部の腔に起因する共鳴の励起が突然に停止する. 次に, (Ⅱ) **反共鳴が突然に生じた場合**で, 主に, 気管あるいは鼻腔といった付加的な腔部への分岐が新たに生じることによる. さらに, (Ⅲ) **声帯振動の中断による場合**, あるいは, (Ⅳ) **強い狭めによって突然に声門上位腔にノイズ音源が現れた場合**である. それとは逆に, 子音によって切り離されていない母音連続や, 音響的に近い音の連続では, Fパターン(ファントによる用語)が乱されることなく連続するため, 分節化が困難になる. フランス語における音響的に近い音連続の例としては, まず/ti/がある. その場合, /t/の摩擦ノイズと/i/の冒頭の無声化が混ざりあう. また, 音連続/ru/では, 舌は限られた動きしかしない. また, 音連続/nil/では, /i/を囲む二つの子音が口蓋化する. [nwa]のような連続(図7を参照)では, それぞれの音を

---

13 〔訳注〕/s/のスペクトログラムは73頁を参照. 図7の/s/と/z/を比べてみると, /z/ではノイズが弱く, /s/よりも濃淡が薄くなる.

分節することが難しい.

母音の開始部分のフォルマント遷移を見ると,先行する子音の調音位置や,その子音を実現する間の舌の形状と位置がわかる. 硬口蓋化していない唇音と唇歯音では,後続母音の共鳴域よりも低い共鳴域が特徴的であるため,結果として子音から母音へのフォルマント遷移は上昇する形になる. 軟口蓋化していない歯音と歯茎音は,1600〜1800 Hz 付近の第二フォルマントが特徴である(狭窄の場所が比較的固定されている). もし母音の第二フォルマントが 1600〜1800 Hz よりも低いなら,子音から母音への第二フォルマントの遷移は下降する形になり,逆に 1600〜1800 Hz よりも高ければ上昇する形になる. 軟口蓋子音 /k/ の調音位置は,母音に応じて変化する. /k/ は,音声レベルで /ku/ では軟口蓋音として,/ka/ では硬口蓋・軟口蓋音として,/ki/ では硬口蓋音として実現される. 後続する母音によって軟口蓋音の調音位置が変化するのは,調音的な制約だけではなく,おそらく大部分は知覚的な制約によるものである. それについては,知覚に関する第八章で扱うことになる[14]. たとえば,/k/ あるいは /g/ と知覚されるためには,閉鎖の解放時のノイズの高さが後続母音のエフ・ツー・プライム(F_2')(98頁参照)と明確な関係になければならないのである. したがって軟口蓋子音を生成する間,狭窄の前にある腔部の長さを調整する必要がある.

子音の狭窄位置だけで,後続母音の開始部分のフォルマント値が決まるわけではない. 舌の形状もきわめて重要な役割を果たす. 子音が硬口蓋化すると,舌全体が母音 /i/ のときのように前方に移動し,その子音の第二フォルマントは,その調音位置(口唇,歯茎,軟口蓋)と調音方法(閉鎖あるいは摩擦)がどのよ

---

14 〔訳注〕第8章98-99頁参照.

うであれ，約2000 Hzになる．もっとも，大部分の子音の実現の間，第二フォルマントは見えないのだが，面積関数から計算が可能である．すべての口蓋化子音における調音位置の違いは，音響的には，閉鎖音の場合は閉鎖を解放する際のノイズとして，摩擦音の場合はノイズの高さとして現れるだけなのだが，これは母音への遷移がほぼ同じで2000 Hzから始まっているためである．したがって，そうした遷移は異なる調音位置を区別するための指標としては有効ではない．

　今では，物理学の予備知識なしに音響音声学の深い専門知識を習得することができる．講義室やフィールドに持ち運びが可能なコンピュータと，インターネット上で無償ダウンロードができるプラートPRAAT[15]のような音声分析ソフトや，クラットのフォルマントによる音声合成ソフト，前田眞治の調音データによる音声合成ソフトを容易に入手できるようになったことで，音響音声学の深い専門教育を容易に行えるようになり，また，音声信号の調音的特性と音響的特性と知覚的特性の間の関係をよく理解することも容易になった．

---

15 〔訳注〕アムステルダム大学の研究者Paul BOERSMAとDavid WEENINKを中心として開発された音声分析のためのフリーソフトウェア：http://www.praat.orgあるいはhttp://www.fon.hum.uva.nl/praat/.

第六章　母音

　諸言語における母音の数は、1個から20個以上までさまざまである．大部分の言語は5個から7個の母音を有している．フランス語は考察する地域によって母音の数が異なる．99％以上の言語が少なくとも2個の母音を有しており、世界の諸言語において最も頻度の高い体系は、5母音の体系である（これはUPSIDデータベース[1]の言語の22％を占める）．3個から10個の母音を有する言語は80％を占める．最も頻度の高い母音は、頻度順に、/a/, /i/, /u/, /e/, /o/である．諸言語は、最初の8個の母音については、声道の開閉度（開口度、第一フォルマントに関係）と舌の前方性・後方性の度合い（第二フォルマントに関係）という二つの次元だけを利用するが、より大きな母音目録においては、円唇性、鼻音性、長さのような、二次的素性を利用する傾向がある[2]．

　母音には、調音的性質と音響的性質という重なりあう二つの性質がある．

　調音的観点から言えば（図9）、母音を調音するための主要な器官は舌である．前舌母音（/i/, /e/, /ɛ/, /a/）においては、舌全体が口腔の前方に位置し、後舌母音（/u/, /o/, /ɔ/, /ɑ/、軟口蓋

---

1 〔訳注〕*UCLA Phonological Segment Inventory Database*「カリフォルニア大学ロサンゼルス校音韻分節音目録データベース」のこと．
2 グルノーブルのGIPSA研究所の研究を参照．

母音とも呼ばれる）では，舌全体が後方に位置する．舌の表面と口蓋との間の距離は，/i/ から前舌の /a/ へ移行するにつれて拡大し，狭窄部は /u/ から /o/ と /ɔ/ を経て，後舌の /ɑ/ へ至るにつれて，軟口蓋域から咽頭域へと移動する．

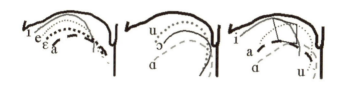

図9　フランス語の母音についての舌の調音位置
（ストラカ G. Straka の図から着想）とそれに対応する母音の台形

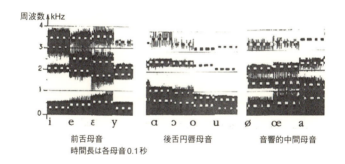

図10　フランス語における典型的な母音のスペクトログラム
（リエナール J.-S. Liénard の書からの抜粋）

音響的観点から言えば（図10），**両唇**は重要な役割を果たす．というのも両唇の形状によって前部の腔の長さ，それゆえ共鳴も変化するからである．たとえば，母音 /i/ と /y/ は，音響的には第三フォルマントの値が高いか（/i/ の場合），低いか（/y/ の場合）によって区別されるが，その区別は主に両唇を横にひき伸

ばすか(/i/の場合),前に突き出すか(/y/の場合)というジェスチャーによる違いなのである.音響・知覚的に**明るい**あるいは**鋭い**母音(第二フォルマントが高く,エネルギーが高周波数帯に集中する.図10の左図[3])には,第一フォルマントと第二フォルマント間の距離が大きいという特徴がある.音響・知覚的に**暗い**あるいは**重い**母音(図10の中央図[4])には,男性話者の場合,1000 Hz以下に第一フォルマントと第二フォルマントが集まり,高次フォルマントの知覚における重要性が低下するという特徴がある.音響・知覚的に**中間的な**母音(エネルギーが一様に分布する.図10の右図[5])は,第二フォルマントが1500 Hz付近に位置するという特徴を有する.調音上の非円唇前舌母音/i/, /e/, /ɛ/は,音響・知覚的に鋭い母音である.他方,調音上の円唇前舌母音/œ/と/ø/は,いずれも音響・知覚的に中間母音であり,中間的として知覚される.図10に示した母音は,丁寧に,はっきり,ゆっくりと調音された母音である.連続発話では,後舌母音は前方化される傾向がある.というのも後舌母音は,しばしば,口腔前方で発音される子音に囲まれるからである.また,後舌母音が短い母音の場合,韻律的な位置によって,音響的に中間寄りになったり,周辺の子音により強く同化したりする(第九章の『韻律論』を参照).

図11はフランス語の六つの母音に特徴的な音色を与える六つの声道の形状を表している(左側が両唇).

調音器官は,それぞれが大幅に補いあう可能性をもっているのだが,その可能性についてはこれまであまり知られていない.

---

3 〔訳注〕母音/i, e, ɛ, y/のこと.
4 〔訳注〕母音/ɑ, ɔ, o, u/のこと.
5 〔訳注〕母音/ø, œ, a/のこと.

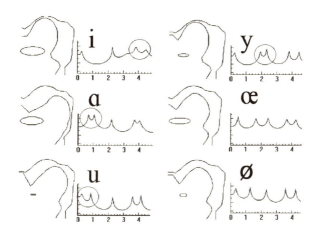

図11 調音合成による6母音のモデル化

顎は，一般に舌に伴って動くが，必ずしもそうとは限らない．パイプを吸いながら話す人は，顎が動かないのを，舌がより大きく動くことによって補っているのである．円唇性が母音にとって弁別機能を果たさない言語においては，前舌母音は一般に非円唇である．非円唇であることで前部の腔の長さが減じ，結果として第二フォルマントと第三フォルマントの両方あるいはその一方の周波数が高くなる．他方，90％以上の言語で，後舌母音は円唇である．円唇であることで，前部の腔が長くなり第二フォルマントの周波数が低下する．このように両唇の働きは両グループの間の知覚的対比を増大させるのである．狭窄の度合いとその位置，顎の下げ方，両唇の形状が相補的調音動作の総体を可能にする．そして，話者によっては，おそらく方言や俚言，さらには言語によっても，たとえば舌よりも下顎や両唇のような，ある一つの調音をほかのものよりも，より豊富に用い

ることがある．このことは，前世紀初頭の音声学者たちが好んだ「調音習慣」という概念に合致している．こうした相補的な調音動作は，聞き手によって音素が同定されるためには，**音響的目的が調音に勝っている**という考え方を裏づけるものである．

　調音上の母音台形あるいは三角形は，それぞれの母音について舌が最も高くなっている点を線で結んで得られる図形である．後舌の[ɑ]と前舌の[a]という二つの母音/a/を有する言語では，例の台形が現れ，[a]という音色の非常に広い母音が一つしかない言語では，三角形が現れる．音響的に言えば，舌が一番高くなる点ではなく，むしろ最大の狭めがある点を基準点にして，台形の形を変えるほうがより正確であろう．とはいえ，この最大の狭めという概念は，前舌広母音では適用が困難である．第一フォルマントと第二フォルマントによる母音の表示（音響的母音三角形）が調音上の母音三角形と見事なまでに一致しているとしても，それは見せかけにすぎない．なぜなら，そこでは前舌母音の音色に対する両唇や第二フォルマントより上のフォルマントの決定的な影響が考慮されていないからである．

　フランス語では，第三フォルマントが重要な役割を演じる．両唇の動きだけで，/i/の第三フォルマントが3000 Hzから2000 Hzに下降し，そうして/y/を作り出すことができるのである．フランス語では，/i/（第三フォルマントと第四フォルマントがまとまる）と/y/（第二フォルマントと第三フォルマントがまとまる）は，二つの焦点的母音をなし，それらは明確な音響的定義を有する．それゆえ，外国人が発音した/i/あるいは/y/が，フランス語らしい発音か否かを判断するのはフランス人にとって容易なことである．しかし，別のタイプの/i/と/y/も存在し，この両要素をそれぞれ知覚的に対立させるための調音上のストラテジーは，言語によって異なっている．たとえば，ドイ

ツ語における /i/ と /y/ の対立は、調音的・音響的にフランス語と同じではない。

　中程度の開口度をもつ母音は、音響的な目標が /i/ や /y/ ほど明確ではない。そのため母音の音色が、/e/ と /ɛ/, /o/ と /ɔ/, /ø/ と /œ/ の間で変わり、両者の対立はしばしば中和する。

　母音の数が8個から10個以上になると、言語は第一フォルマントと第二フォルマントに加えて、その他もう一つの次元を含めた、少なくとも三つの音響的次元を活用する。すなわち、基本周波数（声調）、第三フォルマント、反共鳴の存在、持続時間長や声の質などが、弁別的機能を持ちうるのである。たとえばフランス語は、ドイツ語もそうであるが、平唇母音と円唇母音の対立を持っている。両唇の働きによって、フランス語では、pie（カササギ）と pu（動詞 pouvoir の過去分詞形）、fée（妖精）と feu（火）、air（空気）と heure（時間）が区別されるが、この円唇化はフォルマント周波数の低下を引き起こす。また、口蓋帆の下降によって、鼻母音という下位体系が形成される。現代フランス語には、pan [pɑ̃]（服のすそ）、pain [pɛ̃]（パン）、pont [pɔ̃]（橋）の三つの鼻母音がある。鼻母音では、第一フォルマント域においてエネルギーの平板化が起きるが、それが鼻音性の主な弁別的音響関連量になる。諸言語の約五分の一が、一方で口母音と鼻母音を対立させ、他方でまた長母音と短母音を対立させる。北京の中国語の普通話やアメリカ英語、また他の言語（その一つが中国の少数民族言語のナシ語）には、r音化母音が存在する。たとえば bird という語における母音（アメリカ英語の /ɚ/）がそうである。この母音を定義づける特徴は、両唇と、声道の前腔部と後腔部とで同時に起きる三重の狭めである。その狭めによって第三フォルマントが非常に低くなり、2000 Hz を大きく下回り、第二フォルマントと近づき、中間的な焦点的

母音が生じる．

　長さや基本周波数，声の質（たとえば，**息もれ声やきしみ声**）の変異は，ある言語で語彙的弁別の次元で用いられているならば，韻律の次元ではそれほど広く用いられなくなるであろう（第九章の『韻律論』を参照）．ある言語が母音，あるいは子音を対立させるために利用しないものは，たとえば意味のニュアンスなどを示すための手段として利用可能である（第九章の107頁以降などを参照）．

第七章　子音

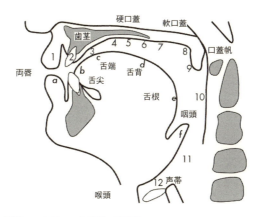

1) 唇音, 2) 歯音, 3) 歯茎音；**硬口蓋音**：4) 前部硬口蓋音,
5) 中部硬口蓋音, 6) 後部硬口蓋音, **軟口蓋音**：7) 前部軟口蓋音,
8) 軟口蓋音；9) 口蓋垂音, 10) 咽頭音, 11) 喉頭音, 12) 声門音,
a) 唇音； **舌頂音**：b) 舌尖音, c) 舌端音, d) 舌背音,
e) 舌根音, f) 喉頭蓋音

図12　子音の調音位置と対応する音の名称

　諸言語は平均して22個の子音を持つ．これは平均であって，非常に大きな多様性があることを忘れてはならない．最も一般的な20個の子音は，閉鎖音 /p b t d k g/ と声門音 /ʔ/ の7個, 4個の摩擦音 /f s ʃ h/, 3個の鼻音 /m n ɲ/, 3個の接近音 /l j w/, 2個の破擦音 /ts tʃ/, そして舌尖ふるえ音 /r/ である．接近音とは，摩擦のない継続音である．

子音分類の四つの主要な基準は，有声性（有声／無声），狭めの度合い（閉鎖，摩擦，破擦，接近），そして調音位置と鼻音性である．

図12（85頁）は声門（声門音）から両唇（唇音）までの，子音の調音位置の名称を示している．舌尖あるいは両唇のような動くことのできる器官は，声道内の動かない部位（硬口蓋音では硬口蓋，軟口蓋音では軟口蓋）に接触する．**舌尖歯音**とは，舌尖が歯に向かっていることを意味し，**舌端歯茎音**とは，閉鎖もしくは狭めが舌端部と歯茎の間で行われるということを意味する．

閉鎖音（/p, t, k, b, d, g/）は，口部の声道の完全な閉鎖を伴う．

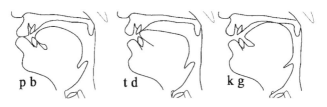

図13　閉鎖音のいくつかの例

摩擦音（/f, s, ʃ, v, z, ʒ/）は，声道の多かれ少なかれ狭い領域における非常に強い狭めによって生み出される．その狭窄域は声門上位腔のノイズを生み出す場所となり，そのノイズは主に狭窄より前に位置する腔のフィルタがかかる．狭めより前にある腔が短ければ短いほど，それだけその腔部の共鳴は高くなる．それゆえ，/s/と/z/に対応する摩擦ノイズは，/ʃ/と/ʒ/のノイズよりも高くなるのだが，それは舌が前に移動し，かつ両唇が平らになることで前方の腔の長さが短くなるからである．それに対して/ʃ/と/ʒ/の場合には，舌が後ろに後退し，両唇が丸くなることによって，前方の腔が長くなる．

鼻音(/m, n, ɲ/) は，それらに対応する有声閉鎖音と同じように産出されるが，咽頭・鼻腔間の通路が開いているため，鼻腔が共鳴を起こし，こうして鼻腔が有声音源にフィルタをかけることとなる．鼻音はフォルマントと反共鳴の存在によって特徴づけられる．

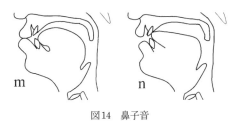

図14　鼻子音

/l/ のような**側面音**を発するときには，舌が硬口蓋に接近し，中央部に狭めが作られるが，舌縁部は下げられ，気流は両側を通過して，二つの側面腔が作り出される．反共鳴が存在するのはそのためである．

同じような調音位置であっても舌の形状が異なることがある．/t/ は英語ではむしろ舌尖歯茎音であり，フランス語においては舌端歯音であるが，舌端歯茎音や舌尖歯音も存在する．

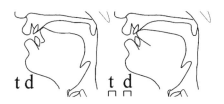

図15　/t/ の音声実現，英語（左図）とフランス語（右図）

音声は，すべてが肺から出てくる気流を源とするわけではない．肺が関わることなく気流を作り出すことも可能である．たとえば，喉頭を下げることで内破の気流を作り出す**入破音**や，喉頭を上げることで放出の気流を作り出す**放出音**，そして**吸着音**である．吸着音においては，空気が声道内の二つの狭窄の間に閉じ込められている[1]．こうした音が音素の地位を持たない言語においては，それらは感情表現に用いられる．たとえば，フランス語では苛立ちを表すために歯吸着音[2]が用いられる．

1　ラディフォギッド Peter LADEFOGED とマディソン Ian MADDIESON, 『世界の諸言語の音 *The Sounds of the World's Languages*』, 1996 年を参照.
2　〔訳注〕いわゆる舌打ち音のこと.

第八章　音声言語の知覚のいくつかの様相

　1920年代以降,「純音」(一つの周波数, すなわち基本周波数だけで構成される音)の知覚に関する心理音響学上の発見があり, 次に1950年代に始まる聴覚システムについての生理学上の発見があった. また第二次世界大戦の終わり(1945年)には, ハスキンス研究所において, パターン・プレイバックの助けを借りたフォルマント音声合成が発明されたのだが, それが音声知覚に関する科学的研究の真の始まりを記すものとなった. パターン・プレイバックとは, 透明な媒体の上に手で描いたスペクトログラム表示を音声に変換することができる電子機器である. それは同じ子音にさまざまな母音が後続するときの調音位置に関する音響的手がかりが単一のものではないという重要な発見の端緒となった. さまざまな手がかりが, **破裂音の調音位置の同定**に関係しているのである. 解放のときのノイズのスペクトル特性とフォルマントの遷移は, 破裂音に後続する母音によって変化するなど, それらの手がかりは不変ではない. 同様に, **有声性の同定**にもさまざまな手がかりが関係している. それぞれの言語では, 無声と有声の閉鎖音を区別するために, さまざまな手がかりを優先的に利用する. つまり, さまざまな音響的手がかりが互いを補完しあう関係にあるのである. パターン・プレイバックを使った実験によって, カテゴリー知覚という現象(これは人間の音声に固有のものと考えられていた時期もあった)が発見され, **運動理論**(リーバーマン A. LIBERMAN)という仮説の定式

化につながった[1]. その理論によれば，聞き手は音響信号から調音動作を「知覚」することによって子音の調音位置を同定するという（運動理論については後に，本章第Ⅲ節で再び触れる）. 運動理論の支持者と批判者によって論拠が示された後，言語音の信号の中に含まれる多数かつ多様な手がかりから，どのようにして聞き手がただ一つの知覚内容を作り出すことができるのかを説明するための探究が長く続いた. 現時点では，同一の音素の実現に対応する音響信号が変動するのに対して，知覚内容が不変であることを説明できるような誰からでも支持されるような理論はまだ存在せず，運動理論には今なお支持者がいる. 1990年代の半ばになると，文脈の中で発話の理解がどのようになされるのかについての考察や，状況についての知識が発話の理解にどのように貢献するかについての考察が行われるようになった. その結果，研究者の関心は，個々の音の同定や，音素のカテゴリー化のうち，純粋に心理物理学的な側面（人間が産出することばであれ自然の雑音であれ，あらゆる音の知覚）とはいくらか離れ，発話の理解へと向かうようになった.

実のところ，聞き手は，音素の連続を解読しようとするよりも，まずメッセージを解釈しようと努めるのである. 発話を理解するためには，聞き手は，発話を構成する単語のうち主なものを同定するだけでよい. 自然発話や切れ目のないことばの流れの中，そしてあらゆる種類の手がかりがたくさんある中にあって，ときには雑音もある中で，聞き手はどのようにして連

---

[1] 〔訳注〕たとえばリーバーマン Alvin M. LIBERMAN, and マッティングリィ Ignatius G. MATTINGLY「ことばの知覚の運動理論再考 The motor theory of speech perception revised」, *Cognition* 21, 1985年, 1-36頁を参照.

続した単語を分割し,そして同定するのであろうか.語はどのように心的語彙の中に貯蔵され,どのような戦略で,その語彙はアクセスされるのだろうか.各々の語は脳の中で,音素や弁別素性の順序づけられた集合として表象されるのか,一つまたは複数の抽象的なプロトタイプとして表象されるのか,あるいは詳細なエピソード的痕跡,すなわち私たちの経験全体を説明するような,長期記憶の中に蓄積された**多数の事例**の集合として表象されるのだろうか.口頭メッセージを即座に理解する場合,信号自体または話し手の表情がもたらす音響的情報(帰納的情報,ボトムアップ的情報)はどれくらいの寄与を行い,発話行為の文脈(演繹的情報,トップダウン的情報)の寄与はどれくらいなのだろうか.

多くの努力がなされているものの,音声言語の知覚とメッセージの理解に関連する諸現象についてのわれわれの理解は,音声言語の産出について得られた知識には,まだはるかに及ばない.メッセージの理解のためにはいくつもの戦略が併存し,状況(たとえば非常に騒がしい状況下など)に応じて,戦略のうちのどれか一つが支配的になるのだろう.いずれにしても,本当の自然発話について統制された実験を行うのは困難である.というのも聞き手は録音(または録画)されたものについて判断を下すとき,多くのパラメータの影響を受けるからである.たとえば,聞き手にやる気があったりなかったりする.また,課されたタスクに次第に慣れてしまうことで,同じ質問に対する回答がテスト実施中に変化することがある.話し手の声や扱われるテーマに次第に慣れてしまうということもある.さらにメッセージにどのような専門性があるか,内容についてどのようなことを予想するかということも,日常的なメッセージの理解について予測困難な影響を与える.実験によって,特定のタ

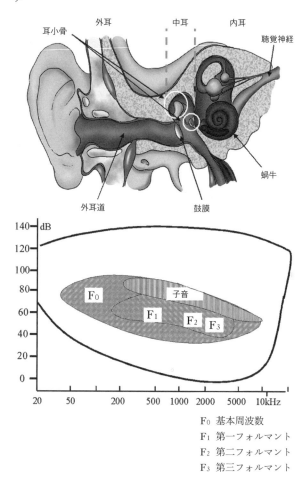

F₀ 基本周波数
F₁ 第一フォルマント
F₂ 第二フォルマント
F₃ 第三フォルマント

図16 耳の構造(上図), 可聴域(下図)

スクを行う際に，聞き手がこれこれの戦略やこれこれの手がかりを利用する能力があることが明らかにはなるだろう．しかしながら，そうした実験は，聞き手が日常で，実際に用いる戦略について，ごく部分的にしか教えてくれないのである．

すべての言語音と自然の雑音は，聞き手の脳に達するのに同じ聴覚的経路をたどる．しかし，心理音響学の実験が示すところでは，言語音は雑音と全く同じように知覚されるわけではない．あらゆる音は，大脳皮質の聴覚野に神経パルスの形で届く．しかし，人間の音声と自然の雑音をどのレベルにおいてきわめて厳密に区別して処理しているのかを見極めることは困難である．

音波を形成する空気分子の機械的な振動は，耳介でとらえられ，外耳道を通って弾性のある鼓膜に伝達され，鼓膜を振動させる．外耳道は，音波の振動が通過する際に 3500 Hz 周辺の周波数を増幅する．次いで振動は中耳に伝えられ，鎚骨，砧骨，鐙骨の三つの耳小骨の連鎖が，テコの原理によって振動力を増幅し，基底膜を振動させる．続いて振動は，内耳の蝸牛に分布する 25000 ほどの有毛細胞によって，電気化学的神経パルスに変換される．各有毛細胞は，ある帯域の周波数に対して「振動する」が，その周波数帯は各細胞の蝸牛内での位置による．これらのパルスは，聴覚神経を介して脳に到達する．個人の可聴域は，最少可聴値と最大可聴値の間に位置する．人間の耳によって知覚されるためには，音は，16 Hz 以上 16000〜20000 Hz 以下（高齢者は 10000 Hz 以下となる人もいる）の周波数をもち，十分な強さ（周波数によって異なる）を有していなければならない．人間が知覚可能なこの音の帯域には，声帯によって生み出される周波数帯（75 Hz 以上）と人の声道が生み出す最も高い音が含まれる．一部の動物が発し，同じ種属と伝達を行うため

に役立っている音には，超音波のように，人間の耳に聞こえない音もある．耳の感度は，音の各周波数帯の強さに応じて変化する．人間の耳が最も感度が高くなるのは，2000から5000 Hzの間に含まれる周波数に対してである．

　したがって，耳はスペクトログラムと同じように，信号の周波数分析のようなことを行っているわけだが，その分析は線形的ではない．なぜなら低周波数域は，高周波数域よりも細かく分析されるからである．逆に，時間成分への分解は，高周波数域のほうが優れている．さらに，周波数軸と時間軸上のマスキング現象も生じる．たとえば，ある瞬間においては，ある周波数成分が他の周波数成分をマスキングする．一般に，低い周波数が高い周波数をマスキングする傾向にある．しかし，高い周波数が低い周波数の知覚をマスキングすることもある．母音/i/の第三フォルマントと第四フォルマントが3000 Hz付近でグループ化し，第二フォルマントをマスキングするような場合である．これは周波数マスキングと呼ばれる．また，弱い音は，先行または後続する，より強い音によってマスキングされることがある．これは時間マスキングと呼ばれる．音節末の鼻子音が，先行母音によって知覚的にマスキングを受けないようにするには，十分な持続時間が必要になる．心理音響学の実験が非常に明瞭に示すように，人は言語音を他の自然の音や雑音と同じように知覚するわけではない．たとえば，聞き手は言語音の主観的な強さを，推定される発音努力と関連づけて判断する．母音/a/は，母音/i/に比べ，その音の内在的な音響的強さはずっと強いのだが，話し手が両方の母音を発音するのに同じ調音努力をはらったと聞き手が判断した場合，母音/a/は母音/i/と同じ強さであると知覚される．それに反して，自然の雑音の強さの場合には，聞き手は現実の音響的強さに応じて評価する傾向にある．

I－母音の同定について

　先に述べたように[2]，第一フォルマントと第二フォルマントの周波数は，すべての母音の音色を説明するのに十分なものではない．とくに前舌母音，鼻母音，声の質の対立[3]をもつ母音の場合にはそうである．他方，すでに述べたように，第一フォルマントと第二フォルマント，あるいは一つのフォルマントのみを用いた合成音でも，基本母音/u/の実現などの暗い母音，すなわち円唇後舌母音の音色を正確に生ずるには十分である[4]．それらの母音は，第一フォルマントと第二フォルマントが互いに近接しているため，そのフォルマントの振幅も大きい．二つのフォルマントが近接しているとき，それぞれの振幅は増幅されるのだが，耳はそれら二つのフォルマントを統合して，一つのピークだけを知覚するのである．しかしながら，第二フォルマントより上位のフォルマントは，明るい母音の知覚に影響する．暗い母音の上位フォルマントよりも振幅が強いためである．もしも聞き手に，第一フォルマントから第四フォルマントまでの値が，それぞれ255, 2065, 2960, 3400 Hzである，/i/のような合成音を提示したとしよう．次いで，第一フォルマントの値を255 Hzに固定し，もう一つだけフォルマントを用いて別の合成音を生成するが，聞き手がその二つ目のフォルマントの値を調節できるようにする．その場合，聞き手には，新たな合成音の

2　〔訳注〕第六章の82頁参照．
3　〔訳注〕息もれ声やきしみ声のこと．60-61頁も参照．
4　〔訳注〕ただし，唯一のフォルマントの値は，/u/の本来のF1値である300 Hz程度ではなく，F1とF2の中間的な値（500〜600 Hz）が必要となる．

音色が，四つのフォルマントで合成された前述の母音にできるだけ近くなるように求める．すると，聞き手はその値をおよそ3210 Hz，すなわち第三フォルマントと第四フォルマントの間の値に調節する．こうして得られる，いわゆる「実効的な」フォルマントは，F_2'（エフ・ツー・プライム）と呼ばれる．F_1/F_2'による表示は，F_1/F_2による表示や$F_1/(F_2-F_1)$による表示よりも優れている．しかし第一フォルマントとF_2'を用いて前舌母音として合成された音色は，もとの母音に近いとはいえ，すべてのフォルマントを用いて生成された音色と正確に同じにはならない．

　焦点的母音は，二つの隣り合うフォルマントが近接しているため，限られた周波数域の中にエネルギーの大きく集中した部分ができているという特徴を持つ．フランス語の/u/の良い音声実現は，第一フォルマントと第二フォルマントが焦点的なタイプでなくてはならない．/u/は人間の声道が生成しうる最も暗い母音であり，二つの主要な共鳴は1000 Hz以下に位置する．後舌の/ɑ/もまた，/u/のように第一フォルマントと第二フォルマントが焦点的なタイプであるが，値は高く，1000 Hz付近になる．フランス語の/i/は，第三フォルマントと第四フォルマント，ときに第四フォルマントと第五フォルマントが焦点的なタイプであり，人間の声道が生成しうる最も明るい母音で（このことは調音合成の実験で確認されている），F_2'は3000〜3200 Hz付近になる．フォルマントが近接してまとまると，音響学の法則に従って，それぞれのフォルマントの振幅を相互に増加させる原因となり，その振幅増加によって，近接してまとまったフォルマントに対応する周波数帯が際立っているように知覚される．声道全体が，求められた音響的目的に達するために変形し，すでに述べたように，調音器官の間での補償作用もありう

るのである．そうした補償作用は，音にとっては調音的な目標よりも，むしろ知覚的な目標が優先されることを示している．私たちは聞かれるために話しているのである（ヤコブソン）[5]．

母音間での知覚的混同は，一般に，音響的な類似に応じて生じる．それは主に開口度（第一フォルマント）を誤って評価した場合であり，たとえば，/u-o/ /o-ɔ/ /ɔ̃-ɑ̃/[6] /e-ɛ/ /ø-œ/ のペアが混同されやすい．また，子音環境が母音の調音の前舌化や後舌化を引き起こすことがあり，それらは聞き手にとって，前舌・後舌軸上での知覚的混同の原因となりうる．たとえば，サボワ地方の有名なチーズは，reblochon と発音されるのか，それとも roblochon なのか．フランス人の大部分はそれを知らない[7]．音声環境が母音や子音の調音に与える影響は，多くの音変化の原因となる．こうした音変化があるため，正書法は，それが考案されたときには音素体系を部分的に反映していたとしても，その後，発音は正書法から少しずつ離れていくのである．フランス語の fait「事実」/fɛ/ は古くは [faⁱt] と発音された．

---

5 〔訳注〕「私たちは聞かれるために話しているのであり，理解されるためには聞かれる必要がある」．リンダ・ウォー Linda R. WAUGH, *Roman Jakobson's science of language*, Lisse / The Netherlands: The Peter de Ridder Press, 1976, 26頁参照．原典は，ヤコブソン Roman JAKOBSON の *Fundamentals of language*, 2nd revised edition, The Hague: Mouton, 47頁．
6 〔訳注〕第3版では [˜] 記号が文字化けしている．
7 〔訳注〕ルブロション reblochon が正解．語頭の /ʁ/ が後続母音 /œ/ の後舌化を引き起こすため，このような混同が生じる．

Ⅱ – 子音の同定について

　音素を同定するために耳が用いる手がかりがどれくらいの重みを持っているのかは、その音素に求められる目標と、音素の置かれている環境とに依拠する。たとえば、合成音声の刺激を用いて**破裂子音**（/p/, /t/, /k/）の調音位置を同定する実験において、米国のハスキンス研究所の研究者たちは、一般に観察される解放ノイズを表す突発的ノイズが同じ高さであっても、後続する母音によって、異なる子音の知覚的印象を与えうることを示した。ノイズが高周波数のときは、後続する母音が何であれ、画一的に［t］と知覚され、ノイズが低い周波数であれば、一律に［p］と知覚される。また、［k］の知覚は、大部分の場合、後続母音の第二フォルマントに対する、ノイズの位置関係に依拠する。つまり、第二フォルマントが低い母音で、ノイズが後続母音の第二フォルマントのレベルに位置するとき、または音響的中間母音（第二フォルマントが1500 Hz程度）で、ノイズが第二フォルマントと第三フォルマントの間の周波数に位置するとき、あるいはまた、第二フォルマントが高い母音で、ノイズがかなり高い周波数域にあるときに、［k］と知覚されるのである。したがって、/k/の同定は環境依存的であり、子音の解放ノイズの高さと後続母音の第二フォルマント（あるいは F_2' と言ったほうがよかろう、76頁参照）の高さの間に特別な関係がなければならない。このことは、/k/の後に円唇後舌母音が続くときは/k/が軟口蓋音になり、前舌母音が続く場合には/k/が硬口蓋音になるという、諸言語でしばしば観察される調音の調整を説明してくれる。こうした調音の調整は、知覚上の必要性に対応する。また、多くの場合、音声環境によって音素の調音を調整す

ることは,調音の簡潔化への要求に対応している.

　二つのフォルマントだけを用いた合成音声に関して,ハスキンスの研究者たちがもう一つ示したことがある.それは,第二フォルマントの遷移を変えるだけで,合成音で[p],[t],[k]を区別するのには十分であり,解放のノイズに相当するノイズを合成する必要はないということである.しかしながら,自然音声においては,解放のノイズとフォルマント遷移が必然的に存在し,ノイズと遷移のそれぞれの比重は,子音と後続する母音の固有の性質に依存する.たとえば,第二フォルマントの遷移は,/ti/と/ki/の弁別にとって有効ではない.唯一重要なのは,高周波数域における解放のノイズのスペクトル分布であり,それは/t/の場合よりも/k/の場合に,より集約的になる.他方/pa/,/ta/,/ka/を区別するには,第二フォルマントの遷移だけで十分である.一般的に,ノイズの高さ,強さ,集約性,およびフォルマント遷移は,調音位置を同定するために,程度の差はあるが,いずれも寄与する.ただし組み合わせによっては,他の組み合わせよりも,同定がより困難なものもある.たとえば,子供や難聴の人や老齢者(老人性難聴)にとって,また電話では,/ti/と/ki/は,/pa/と/ka/よりも区別するのが難しくなる.

　このように手がかりが変化するということは,**摩擦音**についても同じように観察される.強いノイズは子音[s](4000 Hz以上,あるいは第四フォルマント以上の高さ)や[ʃ](2000 Hzと4000 Hzの間)に特徴的なものであるが,それらの音を同定するにはそのノイズの高さだけで十分であり[8],後続母音へのフォ

8　摩擦音の指標については,ハリスKatherine HARRIS,「話しことばの音節におけるアメリカ英語の摩擦音を区別するための手がかり Cues for the discrimination of American English fricatives in spoken syllables」,*Language and Speech 1*, 1958年, 1-7頁を参照.

ルマント遷移の役割はあまり重要ではない．ところが，両唇摩擦音や唇歯摩擦音の場合のように，つまり歯擦音ではない場合，ノイズが弱いときは，フォルマント遷移によってのみ，それらの音を弁別できる．諸言語においては，強いノイズの摩擦音のほうが音素目録に好んで用いられる．

　フォルマント遷移の速さなどの動的な音響的手がかりは，[b]と[w]の弁別にとっては必要不可欠である．というのも，フォルマント遷移はほぼ同一であるのに，[w]のほうが遷移が遅いからである．[w, j, l, r]は，それらの音のフォルマント自体と，母音部分に現れるフォルマント遷移によって識別することができる．閉鎖の解放時と後続母音の開始部分に鼻音化の痕跡のあることが，[b]と[m]，[d]と[n]を弁別するための手がかりの一つとなる（スティーヴンス）．[m]と[n]の弁別は，主として第二フォルマントの遷移によってなされる．

　さまざまな音響的手がかりの重要性は，言語によって異なりうる．**有声性**の弁別素性の主要な手がかりは，破裂の解放から声帯振動開始までの時間（VOT「有声開始時間」）だが，その解釈は言語によって異なる．同じ音であっても，英語話者の聞き手には，声帯振動が解放後にきわめて早く始まると（VOTが30ミリ秒以下），[b]として知覚され，VOTが40ミリ秒以上であれば，[p]として知覚されるであろう．しかしフランス人の聞き手にとっては，声帯振動が閉鎖の解放より前に始まった場合に，その音が[b]として知覚される．つまり，英語の/b/はフランス人には[p]として知覚されうるのである．

　声道内の類似の位置で狭窄を作って発音される子音と母音がある場合，母音の狭窄は子音ほど狭くならないものの，両者は音響的類似性を示す．たとえば，接近音[w, j, ɥ]の音色は，母音[u, i, y]と知覚的に近い．[ʁ]の音色は，後舌母音[ɑ]の音色

に近く (1000 Hz)，英語の film「フィルム」の語に現れるような暗い [ɫ] の音色は，後舌母音 [u] あるいは [o] の音色に近い．暗い [ɫ] と [u] のこうした知覚的な近さは，ラテン語からフランス語への推移において，音節末で，暗い [ɫ] が [u] へと変化した原因になっている．たとえば，ラテン語 sol(i)dus > soldu > sold > soud > フランス語 sou [su]「(貨幣単位) スー」である．フランス語の /i/ (F_2' が 3000 Hz 以上) は，声道の狭めの程度が大きすぎることによって無声化したとき，ドイツ語の [ç] に似た音として同定されるような音を生む．たとえば，くだけたフランス語の oui「はい」が uiche とでも綴られる発音 [ɥiç] になる．

III－いくつかのモデルと理論

音素の同定については，いくつもの理論がある．**カテゴリー知覚**は今日まで，理論的考察において重要な位置を占めてきた．というのもカテゴリー知覚は長い間，人間による音声言語の知覚に固有のものと考えられてきたからである．カテゴリー知覚が含意するのは，音素の同定が音素の弁別，すなわち音色の比較判断に先行するということである．しかし今日では，われわれが雑音や色彩をもカテゴリー的に知覚し，また動物も，あるカテゴリー知覚を行いうることが知られている．

運動理論[9] の主張によると，聞き手は音を同定するために，自分が知覚するものを調音上の動作として解釈する．子音の調音位置のカテゴリー知覚は，運動理論に好都合なものと考えられ

9　リーバーマン Alvin M. LIBERMAN 他，ことばのコード知覚について．〔訳注〕「ことばのコード知覚 Perception of the Speech Code」，*Psychological Review* 74.6, 431-461頁, 1967年．本書の89-90頁も参照．

てきた．子音 /p/, /t/, /k/ の実現は，実際，それぞれ大きく異なる調音上の動作に訴えかける．たとえば，[p] は両唇の動作に，[t] は舌尖あるいは舌端の両縁の動作に，そして [k] は舌の腹の動作に訴えかけるのである．これらの子音の調音位置を同定するとき，話し手には「調音上の動作が見えている」，つまり話し手は，自分自身がそれらの音を発するとしたらどのようにしたであろうかを参照することになり，結果として，明確な調音的規準に基づいた，明瞭な知覚的境界が存在するというわけである．子音の調音位置は不連続だが，その知覚もまた不連続なのである．これに対して，母音では，舌は無限の位置を取ることができ，そのため母音の知覚はカテゴリー的にはならないということになるであろう．とはいうものの，新生児は一度も発音したことがない音でも，いくつかの子音の対立をカテゴリー的に知覚する．このことは，音声産出を参照することがもつ役割に疑問を投げかけることになる．もっとも，調音と知覚の間の対応関係が遺伝子の中に書き込まれていると想定するなら，話は別であるが．

　他にも，音が調音される方法ではなく，音がもつ固有の音響特性に言及する理論がある．第五章でわれわれは**不変理論**についても触れた[10]．この理論では，音素は，調音を参照することなく，いくつかの不変の音響特性によって認識されると仮定する．たとえば，母音の /i/ や子音の /s/ と /ʃ/ のように，比較的一定した固有の音響的実現をもつ音もあるが，それほど一定していないものもある．軟口蓋音の解放のノイズは，唇音や歯音のノイズよりも集約的であり，そのノイズの高さは，母音の第二フォルマント，あるいは，より望ましくは実効上の第二フォルマント

10　〔訳注〕第五章の64頁．

F_2'の高さとの関係において解釈される[11]．スペクトログラムの読み方を訓練すれば，フランス語であれ他の言語であれ，また意味をもつ語であれ，無意味語であれ，大きな困難を伴うことなく，丁寧に調音された音声言語のサンプルを解読することができる．そしてそれは，ある種の音響的不変性，少なくとも相対的な不変性の方向に沿っているのである．音声言語がどれほど音響的に変わりやすいかということは，実験音声学者たちよりも，むしろ心理言語学者たちによって，いくらか過大評価されてきたように思える．現在では，ただ一つの同じ音素として，ためらいなく同定された音の間であっても，質的差異が存在することは認められている．つまり，ある言語においてそのカテゴリーをよく代表する音もあれば，代表性がより低いものもあるということである．聞き手は，ある刺激音が，どの母音であり，その母音の理想的なプロトタイプと自分がみなしている音と比べて，どの程度離れた例であるかを判断できるのである．連続発話において，聞き手が当該音素に気づくまでの反応時間が増えるということは，一般に，その音素が正しく認識されたとしても，同定すべき刺激音は，プロトタイプ的な音ではないことを示している．こうした理由から，音声言語の知覚の新しいモデルは，事例理論的かつ確率論的な枠組みへと向かっている．

　コミュニケーション場面においては，メッセージ全体を理解するより前に，必ずしも各々の語の各々の音素が同定されるわけではない．連続発話を知覚し，理解するには，中枢的メカニズムを介在させることになる．語や発話の全体は，一方に信号から解読される手がかりがあり，他方には心的語彙や，統語的・

11　本文98頁．「[k]の知覚は，大部分の場合，後続母音の第二フォルマントに対する，ノイズの位置関係に依拠する．……」を参照．

意味的・文脈的知識があって，その両者の相互作用によって認識されるのである．話し手は，なによりも理解されるために話すのであり（ヤコブソン）[12]，文脈に自分の話し方を適応させる．話し相手に理解されると確信していれば，ある種の怠惰な調音でもよいと感じ，いくつかの音素を省略することすらある．ある状況では，[ʒənələsəpa] *je ne le sais pas*「私はそれを知らない」と言う代わりに，あえて [ʃpa] と発音するのである[13]．逆に，子供や外国人に話しかける場合は，とくに入念な調音努力を行うであろう．いつも調音が緩んだ話し方をする話し手もいるが，彼らは，聞き手たちが文脈の助けをかりて，自分たちが言っていることを理解するのに任せているのである．一方，教師やことばのプロのような人たちは，ひじょうに明瞭な発音を行う傾向があり，各音素のよりよい代表もしくはサンプルを生み出す．さらに，認識すべき音に先立つ音的素材が，聞き手の判断に影響を及ぼす．たとえば，同じ一つの音節に対応する音響信号は，それを含む文が男性あるいは女性によって発せられたかにより，異なって知覚されうる．男性の声の場合には，聞き手は相対的に低い周波数を予想するため，フォルマント値を過大に見積もる傾向があろう．つまり，自分の予想する値を知覚された声の周波数特性に順応させてしまうのである（ブロードベントとラディフォギッド BROADBENT & LADEFOGED）．こうした順応は非常に速く起き，聞き手は話し手の発音に繰り返しでてくる欠陥があっても，非常に速く「順応」できる．

　音声言語の知覚は，その秘密のすべてが明らかになっているわけではない．聞き手は，実際には信号の中に存在していない

12　〔訳注〕97頁参照．

13　〔訳注〕序章の18頁参照．

音,あるいは無音状態を知覚することができる.連続発話においては,聞き手は二つの語の間に全く無音状態がなくてもポーズを知覚することがある.たとえば,基本周波数の上昇あるいは音節韻部（音節核と末尾子音）の伸長は,フランス語において,ポーズが存在するという錯覚を与えうる[14].**音韻修復**という現象も存在する[15].ある文の中で,ある音がノイズに置き換えられたとしても,発話が意味をなしていれば,聞き手は難なく理解できるが,反対に,複数の音の中に,ある音が存在しないことを意識するよう求められると困難を感じる.というのは,たとえ話線の中にその音が存在しなくても,聞き手は想定される音連続の全ての音を聞いてしまうからである.最近のいくつかのモデル（エピソードモデルあるいは**事例モデル**）は,記憶には事実上ほとんど限界がなく,聞き手に聞こえたそれぞれの語の音響イメージが,その人の心的語彙の中にそのままの形で蓄積されるという仮説を立てている.そして,こうした考え方が,音韻論の確立の基盤となった弁別素性と音素という抽象的概念を,背後に押しやることになる.

最後に以下の二点に注意しておこう.

- ある時期には人間の知覚だけに特有なものと考えられてきた,カテゴリー知覚のような,知覚のいくつかの側面は,今や霊長類の聴覚体系の一般的な特性によるものであることが明らかとなった.しかしながら,音のプロトタイプを構成す

---

14 カルツェフスキ Sergey O. KARCEVSKIY,「文の音韻論について Sur la phonologie de la phrase」,*TCLP* 4, 1931年, 188-227頁.

15 ウォレン Paul WARREN,「消失した言語音の知覚的修復 Perceptual Restoration of Missing Speech Sounds」,*Science* 23, Vol.167, 1970年, 392-393頁.

ることは，人間に固有なもののようである．たとえば，サルに言語音を集中的に聞かせても，人間の乳児の場合のように，その言語に特有の音素のプロトタイプを中心にして，**心理音響的な再組織化**がなされるわけではないようである．動物についての最近の諸研究は，脳画像技術のおかげで，動物が同一種の発する音と他種の発する音に対して，異なった反応をすることを示している．このことは，同一種によって生成された音を処理するために，生物学的に特殊化されたメカニズムが存在することを示唆している．それゆえ，動物には人間のことばを処理するために必要なメカニズムが欠けているものの，自らの種の生存に適合させたセンサーはもっているのである．それらのメカニズムは，聴覚の連鎖においては，相対的に周辺的なレベルに位置しているのかもしれない．

- 情報機器が機能するしくみと，音声学者・音韻論者，そして心理言語学者が発展させたタイプのモデルの間には，単なる偶然かもしれないのだが，ある形の相関関係が存在する．たとえばシャノンの情報理論によって強化された二項素性の連続モデルは，20世紀半ば当時のコンピュータによる情報の連続処理にうまく適合したモデルであったが，コンピュータが並行処理を実現できるようになると，まさにその時期に並行処理のモデルに取って代わられたのである．現在大いに流行している事例モデルは，脳には自分が聞いた事例が非常に大規模に蓄積されているという考えに基づいている．この考えは，まさしくオブジェクト指向のプログラミングの様式や，現在のコンピュータのメモリ容量を想起させるしくみである．情報科学分野における科学技術の発展と，次々に現れた，音声言語の知覚に関する一連の諸理論の間にみられるこうした並行関係は，少なくとも驚きに値するが，さらには憂慮すべきものともいえる．

第九章　韻律論

　「韻律論（プロソディー）」という語は，伝統的には，作詩法における母音の量（母音の長さ）の研究を指していた．今ではその用語の範囲が拡大し，韻律は，音声言語のうちで分節音の同定に関するものを除くすべての側面，とくに語アクセント，イントネーション，リズムなどの事象を指す．すでに1930年代に，プラハ言語学サークルの言語学者たち（マテジウス V. Mathesius, カルツェフスキ S. Karcevskiy）は，語用論的な要因によってことばの流れが区切られうることを明らかにし，文をテーマ（既知の要素）とレーマ（新しい要素）に分割した[1]．このテーマとレーマの対立が初めて定式化されたのは古代にまでさかのぼる．同じ1930年代には，英語の韻律教育に関する諸研究も現れつつあった．さまざまな言語（フランス語，英語，スペイン語）の研究者たちが，きわめて早くから，自身の耳で聞くことにより，フランス語の文中の語の間には，程度の異なる**境界**が存在しており，それらは文末における末尾下降と対立していること，また音響面でも知覚面でも，フランス語では**意味グループ**が**単語**よりも支配的であることに気づいていた（20世紀初頭のグラモン M. Grammont, クステノーブル H.-N. Coustenoble, アームストロング E. Armstrong や20世紀半ばのドゥラットル P. Delattre）．1960年代になると，機器を用いた研究が始まり，知覚的印象と音響的計測の関係を研究でき

1　第3版のテーマとレーマの意味に誤植がある．

るようになった.

　1970年代になると，生成文法によって，そして音声合成の新たな必要性によって，一方では，英語におけるアクセント付与(**句ストレス，複合語ストレス，文ストレスの概念**)の諸現象間の関係や，フランス語におけるさまざまな度合いの韻律境界に，また他方では，両言語において，書きことばに見出されるような規範化された文の統語構造に研究の焦点が集中することとなった．ヨーロッパのさまざまな言語での書きことばの読み上げ音声の研究によって，文法の古典的な構成素に類似してはいるものの，それと等価ではない構成素によって，韻律が構造化されていることを示す音響的標識の存在が明らかになった．その標識とは，たとえば，韻律パラグラフや韻律発話，イントネーション・グループ(あるいは主要グループ)，音韻句(非主要グループ，アクセント・グループ，あるいは意味のグループ)，韻律語，韻脚(フット)，音節，韻などである．1970年代にはすでに，フランスIBMの研究グループが，フランス語の単一文において，音声合成の必要性のために，統語構造だけから，許容可能な韻律を生み出せることを示した(ヴェシエール)．これと並行して，フォーナジは，語用論的，統語論的考慮とは全く別に，韻律による態度・感情表現に関する研究を続けていた．韻律と統語の関係は，テクスト合成に関する研究によって明らかにされたが，それは韻律の一側面に過ぎず，韻律は他にも多様な機能を果たしている．

　音声技術の進歩と言語学の新たな動向によって，対話のような，実際の状況下における自然談話の韻律の諸要因に研究者の注意が向けられるようになったが，自然談話においては，統語構造と韻律構造の関係があまり明確ではなく，また韻律の他の機能が支配的となりうる．こうして韻律に関連した研究の数

は，文字通り爆発的に増加した．たとえば，韻律とディスクール，韻律と話し手の個性，態度・感情表現，方言的差異や文化間差異に関する研究である．声と顔の表情の同時合成（いわゆる「トーキングヘッド」）もまた，きわめて活発な研究分野である．驚きや驚愕の表現は，眉毛の動きを伴う．韻律研究は，専門家の会合において第一線を占めるようになった．二年ごとに開催される国際会議Speech Prosodyは，とくにこれらのテーマを扱っている．今や，声帯を含む，声道全体の動きを映像として表示できる新たな機械によって，また，ある言語から別の言語への韻律パラメータの置換のような複雑な情報処理プログラムや脳画像技術の進歩によって，韻律と分節音の調音間の相互作用や，韻律の処理にかかわる脳内構造に関する詳細な研究が可能となった．

韻律は，定義をするのが難しい概念である．**音響的観点**から言えば，韻律は，基本周波数や，声の質，すなわち声帯の振動様式におけるさまざまな変化に対応するだけでなく，音の持続時間と物理的な強さ，また，発話の中で連続した前後の音素の特徴を用いては直接に説明ができないような異音レベルの変化にも対応する．こうしたパラメータの変化は，時として，声門部や声門より下，また声門より上に位置する，いわゆる「**ことばの」諸器官**全体が関与していることを意味する．ことばの速度が低下したり，声帯の振動様式が変化したり，あるいは両肺からの気流の排出動作が強化され，舌と両唇の動作の速度・強度・精度が増加するとき，それらは，話す内容にこめる話者の含意についての情報を担うことがある．そしてこれらのパラメータが，同じ発話がニュートラルに発音された場合に予期されるであろう値と比べて，どれくらい逸脱しているかによって，声の「調子」は悲しく陰鬱に聞こえたり，あるいは逆に，楽しく陽

気に聞こえたりする．別の観点から言うと，韻律をその**機能**によって定義することも可能である．たとえば，語彙的機能，境界画定機能，語用論的機能，待遇的機能，感情的機能，同定的機能，文体的機能などである．さらに**言語学的観点**からは，韻律は，語アクセント付与とイントネーションの諸現象に，リズムなどの言語運用の諸要因があわさった総体としてしばしば記述される．これらの定義はどれも受け入れることが可能だが，言語事実を記述する際には，異なる観点を混同しないよう注意が必要である．

　語アクセント付与は抽象的な概念である．それは心的語彙の中に蓄えられている語や形態素の内在的な特徴なのである．

− **語声調言語**（語声調と音素の対応関係を浮かびあがらせるために**声調素言語**とも呼ばれる）においては，同じ音素連続から構成される二つの音節が，語の声調によって二つの異なる意味を持つ．声調言語の典型的な例である中国語の普通話では，maという音節が，用いられる声調の性質（高声調，上昇声調，下降・上昇声調，下降声調の四つの語声調のうちの一つ，あるいは声調の欠如）に応じて，五つの異なる意味を持ちうる[2]．これらの声調は，主にそれぞれを特徴づけるF_0曲線または高さによって実現される．言語によっては，たとえば音節末での声門閉鎖のように，声調に声の質の特性が含まれることもある．また，声調がメロディーだけで定義される言語においてもなお，音声レベルで見てみると，持続時間や声の質，また，分節音の異音レベルにおける変化（たとえば，

2　〔訳注〕妈 mā「お母さん」，麻 má「麻」，马 mǎ「馬」，骂 mà「叱る」，吗 ma「疑問の語気助詞」（声調の欠如，いわゆる軽声）．

母音の音色や子音の調音)といった副次的特徴を，声調は有している．世界の言語の多くは声調言語である．フランス語は，声調も語アクセントも持たない言語であり，F_0の変化が主として，語，連辞，発話の境界と結びつく．

- 英語，ドイツ語，イタリア語，ロシア語などの，**語アクセント**を有する言語(**自由アクセントの言語**とも誤って呼ばれることがある)では，同じ音素連続をもつ二つの語が，主アクセントをもつ音節の位置によって互いに区別される．たとえばロシア語では，мука['muka](苦痛)はмука[muˈka](小麦粉)と対立する．語アクセントの音声面での相関量は多様である．言語によってその割合はさまざまだが，相関量には，持続時間，強さ，基本周波数，無アクセント母音の音色の弱化，そして音素分布の制約などが含まれる．しかし，語アクセントをもつ言語(**ストレス言語**)では，声調言語におけるように，アクセントを持つ音節が，語彙によって決まったF_0曲線を持つわけではない．F_0曲線の詳細は，イントネーションの性質をもつ諸現象によって形づくられる．ロッシ M. Rossi の考え方に着想を得て言うならば，アクセント音節は，イントネーション形態素が結びつく特権的な位置なのである．

- いわゆる**高さアクセント**(英語ではpitch accent)を持つ言語である日本語やスウェーデン語[3]では，語の音節の中の一つ(日本語ではモーラのうちの一つ)にアクセントが置かれ，F_0曲線がその音節に結びつき，それによって，語中の当該音節とその周りの音節のF_0曲線が決まる．持続時間や強さは，アクセント音節の位置によって大きく変化することはない．

---

3 〔訳注〕スウェーデン語にはピッチアクセントとは独立した語アクセント(ストレス)もある．

アクセントが付与されうる単位は，日本語ではモーラであり，スウェーデン語では音節であるが，両言語において，アクセント単位は語である．

　語アクセント付与にさらに付け加わるのが，文法アクセント付与（形態素に起因する固定アクセント，あるいは心的語彙に収納されない境界表示アクセント）（ガルド P. Garde，ハイマン L. Hyman）である．言語によっては，いくつかの形態素がアクセント位置に影響を与える力をもっている．たとえばイタリア語では，接尾辞 -in- がアクセントを引き寄せる (con'tino「小話」)．逆に形態素 -ic- はアクセントを拒絶する ('civico「市民の」)．チェコ語やフィンランド語では，アクセントは境界表示的であり，アクセントは常に語の第一音節に置かれる．ポーランド語でも，アクセントは境界表示的で，ほぼ常に最後から二番目の音節に置かれる．アクセント付与は，ここでは語アクセントと文法アクセントの二つの次元の双方をカバーする広い意味をもち，語の諸音節間，そしてその各音節内の諸音素間に従属構造を作り出す．ある意味単位の中で最も支配的な音節が，その特徴のいくつかを周囲の音節に押しつける傾向がある．

　たとえばフランス語においては，アクセントの位置は弁別的ではないが，語の最終音節が，常にその音節が語の中で際立って知覚されるとは限らないものの，支配的位置になる．そのために最終音節の音声特徴のいくつかが，語全体に拡散する傾向がある．たとえば鼻音性の例では，maman /mamã/「お母さん」が [mãmã] と発音されたり，開口度の例としては，aimer /ɛme/「愛する」が [eme] と発音される[4]．また phonologue /fonolog/

4　〔訳注〕[mãmã] では，第一音節の母音 [a] が最終音節と子音 [m]

「音韻論者」が [fɔnɔlɔg] と発音されるのに,phonologie「音韻論」は [fonoloʒi] と発音される[5]. さらに子供の場合は,surtout /syʁtu/「とりわけ」が sourtout [suʁtu] と,petit /pəti/「小さい」が pitit [piti] と発音される[6].

いくつかの言語(ハンガリー語,トルコ語)においては,このような一つの音節の特徴が語全体に波及する傾向は,たとえば母音調和という形で音韻化する. 音韻化するとは,すなわちこの場合,必ず起こるということである. ある語のすべての母音は,前舌または後舌,円唇または非円唇というように,同じ一つの素性を共有しなければならない. こうした支配構造は,歴史音声学によって記述された諸現象を説明するのにきわめて重要であり,そうした現象はアクセント付与と音素の調音との関係について,現存する最大のデータベースを構成するものである. たとえば,ラテン語からフランス語への歴史的変遷においては,最もよく用いられるような語において,アクセント音節(古典ラテン語では,一般に,語末から二番目の音節)と第一音節のみが消滅を免れた. たとえば,**MUS**culum「鋳型」> moule,**CLA**ri**ta**tem「明るさ」> clarté の例がある[7].

に同化し,鼻音化 [ɑ̃] している. [eme] では,第一音節の母音 [ɛ] が最終母音の開口度 [e] に同化している.

5 〔訳注〕phonologue では最終音節の半広母音 [ɔ] にあわせて,半狭から半広へと開口度の同化が起きる. 一方,最終音節が狭母音の phonologie では半狭母音 [o] は半狭のままである. 序論の15頁も参照.

6 〔訳注〕いずれも最終音節の母音に同化し,/y/ が [u] に (*surtout > sourtout*),/ə/ が [i] に (*petit > pitit*) なる.

7 〔訳注〕musculum では,語末から三番目の短母音音節 mus- がフランス語 moule の mou- となって残った. claritatem では,第一音節の cla- と語末から二番目の長母音音節 -tā- がそれぞれ消滅を免れた.

語のアクセント構造は，音節を構成する音素間の従属関係を決定し，その関係は言語によって異なる．韻部内部の結びつきは，フランス語よりも英語のほうが強い．たとえばsit「座る」における/ɪ/と/t/の間の結びつきがそうである．フランス語では，語末子音は，主要韻律グループの末尾位置にある場合を除いて，その子音が属する音節の韻部から離れ，後続する語の第一母音と結びつく傾向がある．たとえばmadame est...「夫人は～である」は[ma-dam-ɛ-]よりも，むしろ[ma-da-mɛ-]になる[8]．逆に，英語の話し手は，an aim「ある目標」[ən-eⁱm]とa name「ある名前」[ə-neⁱm]の発音を明瞭に区別する．

　イントネーションは，それが実現するときのパラメータ，とくに基本周波数としばしば，さらには不当に同一視されるのだが，実際にはイントネーションは，語アクセントや文法アクセントと同じように抽象的なカテゴリーである．というのもイントネーションは，発話を構造化する離散的な言語体系(統語構造と語用論の両方によって決定される**境界画定機能**)を指すと同時に，**意味のニュアンスや態度や感情を表現する体系**(行動的・感情的機能)をも表しているからである．さまざまな状況を考慮することで，イントネーションの現れ方が複雑だということが明らかになる．孤立した文，とくに曖昧文を読むと，統語構造と関連するイントネーションの**境界画定機能**が明らかになる．たとえば，L'écolier / part à l'école.「小学生が／学校に出かける」(斜線はここでは境界の位置を示す)のように，主要境界は主語と動詞の間に置かれる傾向にある．Où part l'écolier ?「小学生はどこに出かけるの？」という型の質問に対する答え

　8　〔訳注〕[madam]の最後の[m]が，後続する母音[ɛ]と結合して[mɛ]となる．

を分析してみると,語用論的な区切りが,統語構造に起因する境界画定の仕方をどれほど大きく変えてしまうかが明らかになる.というのも,語用論は意味に関する性質のものであるがゆえに,結局のところ,発話においては語用論が支配的となり,それゆえ L'écolier part / à l'école.「小学生は出かける/学校に」と区切ることになるのである[9].テクストを朗読すると,文のレベルよりも上位の構造が存在することがわかる.たとえば,すでに述べられた旧情報に対し,新情報は韻律的手段によって強調される.また,質問−回答のやりとりをさせると,**焦点化**の方法を研究することができる.質問に対する回答となる要素は,焦点化(つまり強調)されるからである.また,会話の研究では,最も広い意味における韻律の談話機能が例示される.たとえば,韻律は,話し手と聞き手の間ですでに共有されている情報を新しい情報から区別する手助けとなり,そして,聞き手が場合によっては再検討を求めるような情報についての手がかりを与える.韻律はまた,**発話ターン**の管理に役立つだけでなく,断定表現が決定的なものなのか,あるいは話し相手からの確認を予期しているのかも示す.フランス語で non「いいえ」と言うとき,それは,断固とした拒絶にもなりうるし,あるいはまだ交渉の余地のある拒絶をほのめかすこともできる.non「いいえ」といっても,時にはそれが oui「はい」を意味することすらある.演劇における声は,韻律の**同定**機能を明らかにしてくれる.役者たちは,演じる役柄に応じて自分たちの話し方を変える.また,韻律の**美的**機能は,詩的表現において明白である.

---

9 〔訳注〕「小学生はどこに出かけるの?」という質問に対する答えであるため,「学校に à l'école」という部分が他の部分から切り離される.

韻律の機能は, ほぼ無限にある. また, 自然発話においては, 同じ複数の韻律パラメータの変化によって実現する複数の機能が絡まりあっており, このことが自然発話の韻律研究における主な難題の一つになっている.

現在知られている言語は, 語アクセント付与がどのようなタイプであろうとも, すべてイントネーションのプロセスが用いられている. **声調言語**は, 声調という語彙レベルの現象によって, 基本周波数がある程度制約を受けるものの, 音節の持続時間や強さだけでなく, F_0 の変化域の拡大をもイントネーションの目的で利用できる. したがって, 語彙レベルで声調が存在していても, それ自体がイントネーションの現象を排除するわけではない. つまり時としてなされるように, 「声調言語」と「イントネーション言語」を対立させることはできないのである. とはいえ, 中国語やベトナム語のような声調言語においては, モダリティーや態度は, 韻律と同じくらい, 談話の小辞によって表現される. たとえば, ある小辞は疑問を, 別の小辞は明白をそれぞれ表し, その発話のイントネーションはそれらを補足

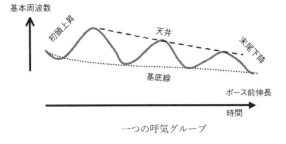

図17　さまざまな言語における発話レベルでの典型的 F_0 曲線
　　　（ヴェシエール J. VAISSIÈRE 1983 による）

するニュアンスをもたらす[10].

　いくつかの言語において観察されるF_0曲線には,複数の類似点が存在する.

　共通する傾向とは以下のようなものである.(Ⅰ)F_0の値は,**基底線**と**天井**という二つの線の間を推移し,その二つの線が話し手の普段の**音域**の範囲を定める.(Ⅱ)F_0と音の強さ,および調音動作の大きさは,時間の経過とともに規則的に逓減(ていげん)する傾向にある.(Ⅲ)F_0と強さの最大値は,発話の最初の3音節の中に位置する傾向がある.また,発話の冒頭の数音節は,それらが内容語であろうと,機能語であろうと,F_0が次第に上昇し,強さが次第に強くなる傾向にある.それとは反対に,強さの最小値は,呼気グループの末尾に位置する.(Ⅳ)F_0の上昇(またはジャンプ)と下降は,時間の経過の中で,規則的に交互に現れる傾向がある.上昇 − 下降のペアは,少なくとも非声調言語においては,広い意味における**意味単位**の始めと終わりを示す傾向がある.(Ⅴ)発話の最終音節と文頭の最初の音素を長くする傾向がある[11].また,この傾向は,連辞や韻律語のような,韻律構成素のうち下位レベルのものにおいて見いだされる.F_0と強さの全体的な形状は,赤ん坊の泣き声のF_0と強さの曲線や,ある種のサルの発声に類似しており,生理学的に決定され

10　〔訳注〕たとえば中国語の「疑問」を表す語気助詞の吗(ma)や「明白」を表す呗(bei)など.

11　〔訳注〕普遍的なプロソディー特徴については,ヴェシエール Jacqueline VAISSIÈRE,「言語から独立したプロソディー特徴 Language independent prosodic features」,カトラー Anne CUTLER & ラッド D. Robert LADD(編),『プロソディー:モデルと計測 *Prosody: Models and Measurements*』,Berlin, Springer, 1983年, 53-65頁を参照.

ているようである．これらの共通の傾向は，世界の言語における平叙文の発話を特徴づけるために利用されてきたようである．

　言語は，語アクセントとイントネーション形態素の両方，またはそのいずれかを表示するために，こうしたプロトタイプ的形状のうち，それぞれ特別な部分を採り入れる．フランス語では，上昇部分が利用され，それは**継続イントネーション**の形態素として意味グループの最後に実現するが，日本語では，F_0が二つのモーラ間で下降することが，語の高さアクセントの実現において体系的にみられる．他方，デンマーク語では，F_0が下降した後で上昇することで，アクセント音節が実現される．

　呼気グループ (2回の呼気をするためのポーズに挟まれた発話部分) の生理的な諸特徴は，いくつかの心理的な連想の原因になっているように思える．たとえば，基本周波数が高いか上昇しており，音が強いときは，始まりの概念，つまり談話や段落や発話の開始を想起させる．一方，F_0が低いか下降しており，音が弱く，速度が低下しているときは，発言や段落や文の終わりを示す．発話の途中で，呼気のためのポーズを伴うことなく，基底線を引き上げたり，F_0が徐々に下降するのを止めたりするのは，息継ぎの動作を模倣しており，それが境界標識となる．F_0の変化域が広がることは，言われているメッセージの重要性を示している．さまざまな言語を観察すると，詳細においてはその音声実現に広汎な多様性が見られるものの，こうした一般的考察が裏づけられる傾向にある．たとえばフランス語では，文の末尾でしばしば最終音が摩擦音化して伸長される．英語では逆に，文末で声がきしみ声に，すなわち不規則な振動様式になることがある．これら二つの現象は，末尾における強さの低下が変化したものと解釈できる．

韻律パラメータの利用においては，諸言語間に多数の類似点が見られるが，しかし顕著な例外も存在する[12]．感情を表す手法は，少なくとも喜び，怒りのような一次感情の表現に関する限り，生理学的に強く動機づけられており，諸言語の間でほとんど違わない．他方，態度の標識化には，それほど直接的な動機づけがない．そのため第二言語の学習者には，態度表現のコードを説明する必要がある．とはいうものの，多数の言語において，態度表現はしばしば同じ手がかりに頼るようである．発話の全体でF_0の変化範囲が上昇すると，それは話者の強い関与を示す．一つの母音の部分だけで基本周波数が特定の変化をすると（グリッサンド），感情的な内容を担うことがある．強さが増大したり，基本周波数域が拡大したり，子音については狭めが強くなったり，母音については開口度が大きくなったりというように，調音器官の動きの幅が拡大すると，呼吸・発声・調音上のより大きな努力（ヒュッセンホーフェン C. GUSSENHOVENが「努力のコード」という言い方でまとめたもの）を行っているように感じられて，聞き手は話者の関与がより大きいしるしとして解釈する．話し手は，談話のうち，自分がより重要だと判断した部分により大きな努力を払う．

疑問といくつかのタイプの焦点化を表す手段について，多くの言語は軌を一にしている．この場合，焦点とは，かなり曖昧だが広く合意を得ている定義によれば，疑問文の中で疑問が対象とするもの，断定文の中で断定が対象とするものとして特徴づけられる．図18は，平叙文と疑問文において，しばしば認められるピッチ曲線の例である．ついでながら，文とは，その内部であらゆるものが関連づけられている一つの総体である点を

---

12 リアラン Annie RIALLANDのアフリカ諸語に関する研究を参照．

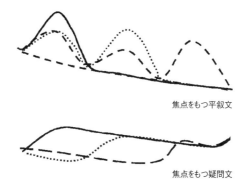

焦点をもつ平叙文

焦点をもつ疑問文

図18　平叙文と疑問文における典型的F_0曲線：それぞれ最初の語（実線），二番目の語（点線）あるいは最後の語（破線）に焦点が置かれる．

　強調しておこう．ある語が，その語に固有の韻律特性によって知覚的に際立つことがあり（アクセント付与の積極的方法），あるいは後続する他の語がアクセントを失うことで知覚的に際立つこともある（アクセント付与の消極的方法）．

　平叙文の発話では，F_0曲線は焦点化された語の実現の後で平らになり，低い音域に留まる．発話のこうした残りの部分，つまりF_0の変動域が縮小された部分は，基本周波数変化のかわりに時間的変化で，すなわち語アクセント音節や語末音節が伸長することで，構造化が図られうる．しかしながら，そうした音節の長さを用いる戦略は，体系的に観察されるわけではない．場合によっては，平叙文と比べて疑問文の場合に，F_0域がより高くなることもある．たとえば，疑問文の場合に，ピッチの自然下降線の消滅あるいは弱化が観察され（デンマーク語に関するトルセン N. THORSEN の研究を参照），さらに最終音節または最後のアクセント音節でのF_0の上昇も観察される．

図19 英語(左)とフランス語(右)における典型的F_0曲線．ここでは一つの呼気グループが二つのイントネーション・グループに分割されている．黒丸は，英語では語アクセントをもつ母音に対応し，フランス語では語の最終母音に対応する．矢印は継続を表す上昇を示す[13]．

　文をイントネーション・グループに分割する際にも，言語間で方法の類似性がみられる．英語とフランス語は分節音においても，韻律においてもほぼ正反対の特徴を示すが，図19は両言語の典型的な二つの例を示している．各イントネーション・グループは，この例では二つの韻律句を含んでおり，それぞれが二つの韻律語に分かれる．継続のイントネーション形態素は，両言語において，伸長した最終音節でF_0が上昇曲線を描き，後続グループとの間隔が長くなることで実現される．継続を表す上昇は，フランス語のほうが明らかにより際立っていて，かつほぼ不可欠なのに対し(図19の矢印を参照)，英語では，上昇は小さくかつ必ずしもみられるとは限らない(ドゥラットル)．F_0の動きは，基本的に英語では，語アクセントのある音節に，そして継続を表す上昇の場合には副次的に語群の最終音節にも結びついているが，フランス語では語頭および同じ語の最終音節に結びついている．英語では，ニュートラルな平叙文の中で句を構成する最初の語のアクセント音節が，F_0の上昇または高い値を伴う．一方，最終アクセント音節はF_0の下降，または

---

13 〔訳注〕フランス語の記号については124頁の図20を参照．

高い値の後に下降を伴う．図19に挙げたフランス語の例では，句の韻律語への分割は，基本周波数の動きによってではなく，内容語の最終音節の伸長によって行われている．これらの二つの言語では，F₀曲線の基底線の引き上げは，一般に，文の中のより高いレベルに属する二つの構成要素の間（たとえば二つの節の間）で現れる．日本語の場合，音韻化されているのは，二つの句の間での基底線の引き上げである．とはいえ，末尾伸長のような他の手段も，日本語ではいくつかのことばのスタイルにおいて現れるが，継続を表す上昇は日本語では確認されていない[14]．

　また別の韻律構成素である言語のリズムは，定義がきわめて困難な概念である．発話のメロディーから，フランス人の耳が基本的に聞き取っていると思われるものは，韻律句末尾における継続が時間軸上で繰り返されることであり，それは最終音節の韻部の伸長を伴ったメロディーの上昇として実現される．フランス語はしばしば「上昇調」の言語として記述されるが，それは意味グループ末に位置する多くの語の末尾において，主要と非主要の上昇継続調が実現するのを指してのことである（ドゥラットル）．フランス語において，意味グループ末尾の母音は知覚上，支配的なのである．フランス語のリズムを決定するのは，主に，上昇イントネーションを伴って，伸長した音節が繰り返し現れることによる．英語で，フランス人にとって強い印象を与えるのは，強い子音の開始部をもった，強く際立った音

14　〔訳注〕特定のスタイルに結びつく場合，日本語においても「継続を表す上昇」に近い現象が起きることがある．たとえば，「演説調」や「説明調」では句の最終モーラが高く発音される．「尻上がりイントネーション」も同様の現象であるが，上昇の後に下降が見られる（昇降調）．

節が，力強く，ほぼ規則的に繰り返され，弱化した音節と交互に現れることである．フランス人の耳には，このタイプのアクセント付与は，フランス語の**強調アクセント**を想起させる．そのため訓練を受けていない人の耳には，英語は常に強調して発音しているような印象を与える．英語におけるリズムの主要な単位は「ストレス・グループ」である．これに対して，日本語では，支配的となる音節がなく，高い音節の連続と低い音節の連続が交互に現れるため，リズムがいくらか単調に感じられることがある．また，母音の時間長が韻律境界に依存するのではなく，母音の音韻的な長さにより大きく依存するため，リズムは混沌としているように感じられることがある．日本語の母音の長さは音韻論的長さに依存するため，フランス語と異なり，メロディーの動きと相関関係があるわけではなく，また英語と異なり，語アクセントの実現とも相関関係がないのである．

「周波数のコード」は，きわめて多様な言語に共通するいくつかの韻律的傾向について説明してくれる．低い F_0 と容積の大きい喉頭の間には，生物学的連想が存在する．すなわち F_0 の低さは，声帯の質量が大きいことを想起させる．そして逆に，F_0 の高さと喉頭の小ささとの間もまた然りである（モートン E. MORTON, オハラ）．リーダーという支配的な立場にあるオスザルは，より高い音でそのオスザルへの服従を示すサルよりも，低い鳴き声を発する．メスザルは，生まれたばかりの子ザルに対しては，齢が上の子ザルに対するよりも，高い鳴き声を発する．低い F_0 は，成熟，支配，攻撃性を想起させるのである．言語において一般に，低い F_0 は，命令や断言的な断定（支配の感覚を想起させる）を表すために用いられるイントネーション形態素の構成素の一つである．これに対して，高い F_0 は，不確かさ，問いかけ，発話が完結していないこと，疑い，丁寧さ，気に

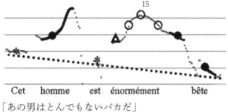

Cet homme est énormément bête
「あの男はとんでもないバカだ」

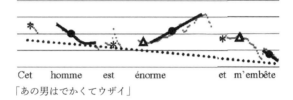

Cet homme est énorme et m'embête
「あの男はでかくてウザイ」

Cet homme et Ténor m'aiment en bête.
「あの男とテノールはバカみたいに私を愛している」

＊＝機能語
△＝語頭音節
○＝内容語の音節
●＝内容語の最終音節

図20　三つの文のF₀曲線の原曲線に模式化を加えたもの

15　〔訳注〕図の誤りが訂正されたため，第3版にはこの音節が記載されていない．

入られようとする欲求,女性らしさの一つの形,などの音響的な標識である.このように,サルの行動の中に明確に観察される振るまいは,イントネーションを構成する複雑なしくみの一要素としても見いだされる.イントネーション研究の分野における進歩は,おそらく,イントネーション研究者が解きほぐそうとする錯綜した事象の複雑さを認識しつつも,それについてはいかなる神秘もないのだという確信から出発して,この種の洞察を積み重ねていくことを通して成し遂げられるであろう.

　フランス語における韻律の利用例をいくつか挙げておこう.130頁の図22には,フランス語の全般的な傾向が要約されている.図20には,音素のレベルにおいてほぼ同音である三つの文の違いが,F_0と持続時間を使って図示されている.音素連続[sɛtɔmɛtenɔʁmemɑ̃bɛt]の解釈は,持続時間と基本周波数のパラメータによって導き出される.この大変滑稽な例には,観察される事実を直接に比較できるという利点がある.たとえば,明らかに見てとれるように,文の最も上昇する音節は,文の主要境界に一致しており[16],その主要境界は,語の最終音節の韻部(音節は**頭部**と**韻部**に分かれる)において実現し,伸長と上昇を二重に伴っている.

　フランス語における境界画定の基本原理は単純である.発話の内部では,ある語の最終音節が長ければ長いほど,その最終音節は上昇調になり,境界はそれだけ強い境界として知覚される.その反対に,語末での下降曲線は,後続する語への依存関係を示す.たとえば,先行する語を後続する形容詞が修飾する場合,先行している語の部分で下降曲線がみられる.強調して

16　〔訳注〕図20の上の文から順に,homme「男」,énorme「でかい」,Ténor「テノール」の最終音節の後に,文の主要境界がある.

おくが，こうした依存関係は，統語論者たちが明らかにしたものと厳密には一致しない．もっと一般的な言い方をするならば，イントネーション境界は，統語構造を機械的に反映するわけではない．発話者は，同じ発話について，グループ内部で境界（ドゥラットルの用語で言うところの「継続」[17]）を実現しなくても，語末の伸長によってその発話をリズム語へと下位分割することで，語の連続を自由にグループにまとめることができる．たとえば，言語音をコンピュータ上で操作した刺激を用いた実験が明らかにしたところでは，第一音節の相対的な持続時間だけで，bordures [bɔʁdyːʁ]「縁取り」と bords durs [bɔʁdyːʁ]「堅い縁」，Jean-Pierre et Jacques「ジャン゠ピエールとジャック」と Jean, Pierre et Jacques「ジャンとピエールとジャック」を区別するのに十分であり，F_0を変化させる必要はない．記号：は，伸長の度合いを示し，その同じ記号を反復（ːː）すると，伸長の度合いがより大きいことを表す．同様に，英語でも，第二音節の相対的な持続時間だけで，coffee cake and honey「コーヒーケーキと蜂蜜」と coffee, cake and honey「コーヒーとケーキと蜂蜜」を区別するのに十分である．これとは反対に，発話者は，リズムグループ（最後が伸長で終わる連続する音節群）内にイントネーション境界を導入することで，一つの同じリズムグループを下位分割できる．大部分の場合，F_0の変化は，持続時間長の対比によって示される分割を補強することになる．

図21は，フランス語において，疑問文と平叙文，また完結した文と完結していない継続する文の対比で最もよくみられる傾

---

17 〔訳注〕「グループ内部の境界」は，語末の伸張だけでなく，基本周波数の上昇（継続を表すイントネーション）によっても実現される．

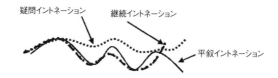

上図は，肯定文あるいは平叙文（実線），継続文（破線），疑問文（点線）の典型的な形態

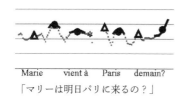

Marie vient à Paris demain?
「マリーは明日パリに来るの？」

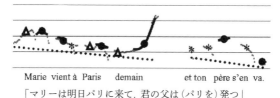

Marie vient à Paris demain et ton père s'en va.
「マリーは明日パリに来て，君の父は（パリを）発つ」

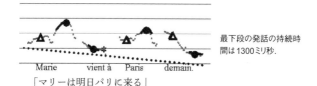

最下段の発話の持続時間は1300ミリ秒．

Marie vient à Paris demain.
「マリーは明日パリに来る」

図21 モダリティー：フランス語の例[18]

---

18 〔訳注〕言語表現が表す内容に対する話し手の判断や心的態度のことをモダリティーと呼ぶ．ここでは平叙，疑問，非完結（＝継続）が三つの異なるモダリティーを表すと考えられている．

向を示したものである．末尾での F_0 の上昇曲線は非完結的であることを示すが，非完結文と疑問文は，その点で平叙文と対立する[19]．疑問文と非完結文の典型的な相違点は，疑問発話の場合，ピッチの自然下降線が解消される傾向がみられることである[20]．疑問文はまた，平叙文よりも速く発音される．

韻律は，子供が最初に行う言語活動のようである．新生児は自分の母語のリズムに敏感である．乳児（さらにはペットや家畜にもあてはまることだが）は，母語の韻律に対してだけでなく，周りの人の声が媒介する感情的な指標にも大変に敏感であり，そのため，とても早い時期から周りの人たちの話し方を真似るようになる．フランス人の幼児は，日本人の幼児よりも頻繁に上昇調で喃語を発し，末尾の伸長もより明瞭である（アレ P. HALLÉ）．イントネーションを使うことで，子供は統語法に熟達するかなり前から，多くのコミュニケーション機能を表現することができる．[patipapaoto] parti papa auto「出かけた　パパ　車」のような連続を，発音するときの仕方で，子供はそれが嬉しいことなのか，悲しいことなのか，あるいは質問なのかどうかを表現するのである．こうした発達イントネーション論の分野については，コノプチンスキ G. KONOPCZYNSKI などを参照．

言語運用レベルの諸要因のはたらきや，イントネーション機能の多様性を考えると，「韻律の文法」を作り上げることには，

19　〔訳注〕127頁の一番上の図で，実線の平叙文だけが文末で F_0 が下降する．

20　〔訳注〕127頁の二番目の図を参照．疑問文 Marie vient à Paris demain? には，……で示されるピッチの自然下降線が見られず，最終音節における上昇調に至るまで，全体的に見ればピッチが平らに推移している．

最大限に慎重でなければならない．現時点では，音声認識のシステムが存在しているのと同じようなかたちで，韻律構造，感情あるいは態度を自動認識するシステムが存在しているわけではない．そのことは，自然発話の韻律は多数の要因に決定されていて，その一部は予測不可能であるという事実に起因している．さまざまな要因によって，F_0 や強さや持続時間のような同じ韻律パラメータが変化してしまうのである．**発話速度が速くなると，その分だけ韻律構造の精度が落ち，通常よりも少ない数の韻律構成素レベルしか表示されず，韻律構造が認識できなくなることもある．**たとえば，非常に速い口調では，F_0 が平板になり，語末音節の伸長現象も数が減り，発話片への分解のみが，主に，発話片を隔てるポーズによって明確になる．低いレベルの韻律構成素は，もはや表示されなくなるのである．**さらに統語構造・語用論的構造と韻律構造の両者を切り離して扱うことに根拠を与える別の傾向もみられる．韻律構成素は等しいサイズになる傾向があるのである．**イントネーション単位は，リズム的に均衡化される傾向にある．たとえば，L'écolier / part à l'école.「小学生が／学校に出かける」のような例で，文の主語（L'écolier）は，通常，主要継続のイントネーション形態素を担う．にもかかわらずフランス人は，発話中の二つの部分においてリズムの均衡（ロッシ）を取ろうとして，Jean part / à l'école.「ジャンは出かける／学校へ」のように言うであろう[21]．結果として生じた韻律構造は，統語・語用論的構造を反映していない．英語では，二つのアクセント音節の間の隔たりが等し

---

21 〔訳注〕Jean / part à l'école. とすると，後半部が前半部より長くなる．Jean part / à l'école. とすることで，前半部と後半部が均衡になる．

図22 フランス語の文が二つの呼気グループに分割される典型的な例．ここではそれぞれの呼気グループが三つの韻律語に分かれている．

くなる傾向があるが，語の長さについても同じである．フランス語の場合と同様，語の中の音節数が増えると，各音素の持続時間は短くなる（英語についてはクラット，オランダ語についてはノーテボームS. Nooteboomを参照）．一音節だけからなる内容語に伸長が生じた場合，その語が語用論的に強調されたために伸長が生じたものであると同定するのは困難なことがある．

話し方のスタイルとしてある種のイントネーションを選択すると，それは韻律の他の構成要素に影響を及ぼすことがある．たとえばフランス語では，演説者（アナウンサー，政治家，教師）が，頻繁に語頭アクセント付与 (la situation du président...「大統領の状況は……」) を用いるが，そうした強調アクセントの多用は，演説者による，自分の演説に対する個人的な関与の強さを示そうとするものである[22]．このように語頭の境界を表示すると，語の始めを示すことによって聞き手は演説を語に区切りやすくなる．その一方，強い語頭アクセントを介入させることによって，伸長と F_0 上昇を伴う最終音節の繰り返しに基

---

22 〔訳注〕si-, pré-のような語頭アクセント付与は，しばしば強調アクセントと解釈される．

づく「伝統的な」リズムは，著しい変容をこうむることになる．また，語頭アクセントによって，機能語（冠詞，助動詞など）は**韻律的弱部**であるといった，十分に強固な一般原則にいくつかの例外を生み出すことになる．非常に多くの言語で，機能語は弱化して実現されるのだが，上に記述したばかりの発話スタイルにおいては，発話の最初に位置する音節が，たとえ機能語であっても，しばしば強調アクセントを受けることになるのである（LA situation「状況は…」における定冠詞のLA）．また別の難点もある．話しことばのなかの偶発的な出来事がリズムを狂わせ，その記述を困難にする．たとえば，出だしの言い誤りや，無音のためらい，あるいは有音のためらい（Papa euh vient「パパが，えーと，来る」，あるいはPapaaaaaaa vient「パパーーーが来る」型の語の最終音節の伸長）などである．また，強調のためのポーズ（強調したい語の前に置くポーズ）や発話間のポーズのような発話スタイルの選択の場合も同様である．デュエズD. Duezのフランス語に関する研究が示したように，政治家はひとたび当選した後は，選挙運動中のときよりも頻繁に，かつ長いポーズを置くようになる．

結論

　音声学によって得られた成果の大きさと，音声学が開く視野の広がりを示すことができたとすれば，本書の目的は達せられたことになる．例を挙げるとすれば，音声言語の知覚について，科学的に確立されたさまざまな成果がある．それらは今後，個体発生的および系統発生的な観点から，脳画像技術によって検証されるであろう．また，健常な，あるいは病理的な声やことばの分析や評価において試験済みの方法を，外国語の学習者が，態度，行動や美的側面を学習するためのメソッドに転用するということもできるであろう．さらに，将来，調音合成プログラムを体系的に利用することで，ヤコブソンの提唱した弁別素性に，ついに調音，音響，知覚の観点から統合的な定義を与えることができるようになるであろう．調音音声学によって研究された，発話時における各器官の正確な機能に関する知識は，耳鼻咽喉科医たちにとって，自分たちの外科手術行為が音声言語に対してどのような結果をもたらすかを患者たちに予告し，十分に説明するのに役立つものである．発声および音声言語の障害に関する研究は，知識の源泉である．そして，知覚音響学における進歩は，人工内耳の開発に直接的な影響を与える．また，人工内耳利用者たちの発声の習得を研究することによって，母語習得に関する知覚の役割を評価することができる．

　音声学の知識は，今やすべての人の手の届くところにある．教育学者，教師，耳鼻咽喉科医，言語聴覚士らは，現在，公認の教育が与えうる以上の優れた音声学的基礎を持っていれば，仕

事を行う中で出会う困難を，時には，よりよく理解できるであろうし，より適切な解決策を考え出すこともできるであろう．

いわゆる厳密科学の方法を用いて音声学が解明しようとしているのは，多種多様な現れにおける，**生きた声のきわめて人間的な現実**なのである．本書の中で韻律論にあてられた部分は，書かれたテクストと比べた場合，音声言語に特有な，この構成要素を前面に押し出すことを目的としていた．口頭言語の諸現象は，音響的，生理学的，知覚的，いずれの観点から考察しても，非常に大きな複雑さをもっている．したがって，**プロの音声学者**には，長くかつ必然的に細分化された専門教育が必要となる．ますます複雑化する実験方法を用いて得られた結果を解釈するには，高度な専門性が要求される．とはいうものの，情報工学がそうした専門教育をずっと容易なものにしている．

もはや一人の個人ではなく，多分野からなる研究チームだけが，音声学的知見に**累積的な進歩**をもたらすことができる．音声学の基礎研究においては，音韻論者，心理学者，工学研究者，医師等のそれぞれの研究者の寄与が，かけがえのないものであり，研究の問題提起の刷新を助けるのである．新たな科学技術とその応用が，音声学者の考察を今後も導いてゆくであろう．音声学が，言語科学の分野において，今日でも先導的な科学という地位を保持しているとすれば，それは諸分野間の出会いの場としてなのである．

訳者あとがき

　ジャクリーヌ・ヴェシエール先生は，グルノーブル大学で第三期課程博士を修了した後，15年間フランス・テレコムのエンジニアとして技術畑で研究を続けた．1989年にエクス・マルセイユ大学の准教授となり，翌年にはストラスブール大学に研究指導資格論文（HDR）を提出した．その後，1990年から2014年まで新ソルボンヌ大学（パリ第3大学）の教授職にあった．その間，数回にわたり，マサチューセッツ工科大学やベル研究所で客員研究員として研鑽を積まれた．

　私が初めて彼女の研究を知ったのは，"Language Independent Prosodic Features", In Cutler A. & Ladd D.R.（Eds.）, *Prosody: Models and Measurements*, Springer, 1983, 53-65である．大変興味深い論考であったと記憶している．ヴェシエールさんのご専門は，韻律論，とくにイントネーションの知覚やその構成要素の研究と言うことができる．最近の著作には，"Perception of intonation". *Handbook of Speech Perception*. Pisoni D.B. and Remez R.E.（Eds）, 2007, Oxford: Blackwell, 236-263や"Area functions and articulatory modeling as a tool for investigating the articulatory, acoustic and perceptual properties of sounds across languages". In Solé M. J., Beddor, P. S., Ohala M., *Experimental Approaches to Phonology*. 2007, Oxford: Oxford University Press, 54-71がある．

　振り返ってみると，ヴェシエールさんにはいろいろお世話になった．訳者が行っていたプロジェクトの海外協力者として原稿を依頼したときも，二つ返事で引き受けてくださった．また，筆者とトルコ人の研究者を引き合わせてくれたのも彼女であり，恩

師フォーナジ先生の記念論集に誘ってくれたのもヴェシエールさんであった．本書を日本の読者に紹介することで，少しでも恩返しができたとすれば幸いである．

本書の翻訳作業は，中田俊介が全体の下訳を作成し，川口と中田がそれらを逐一検討しながら，まず初版の翻訳が完成した．ところが，その間にフランスで第二版が出版された．修正加筆箇所が多々あり，翻訳作業は最初からやり直すことになった．この過程で三人目の翻訳者である神山剛樹が新たに加わった．神山はヴェシエールさんと同じ研究所に所属していることもあり，著者とのさまざまなやり取りを引き受けてくれることになった．ヴェシエールさんは，翻訳の粗稿を本多清志先生（天津大学教授）に送ってくださり，お蔭で貴重なコメントを多数得ることができた．本多先生にはこの場をお借りして感謝申し上げたい．翻訳の過程では著者に実にさまざまな質問を投げかけた．多くの博士課程と修士課程の学生をかかえ，ご多忙を極めていたにもかかわらず，ヴェシエールさんからは丁寧な答えを頂戴した．彼女のこうした献身的で忍耐強い協力がなければ，本書は完成しなかったであろう．

また，第二版の原稿をきめ細かくチェックしてくださり，多数のコメントをいただいた佐藤大和先生（元東京外国語大学特任教授）と斎藤純男先生（東京学芸大学教授）にも感謝の意を表したい．翻訳における訳文の稚拙さや不適切さは，すべて翻訳者に帰すべきことは言うまでもないが，専門家とのやり取りの中で，訳語の誤りや誤植・誤記を訂正することができたのは幸いであった．

こうして第二版の翻訳を白水社に提出した段階で，神山はヴェシエールさんから第三版を出版したいという知らせを受けた．結局，第二版の加筆にさらに多数の修正が加えられ，2015年5月に改訂第三版が出た．本書はこの改訂第三版の翻訳であることをお断りしておく．原著では（　　）が多用されているが，日本語訳に

際しては，読みやすさを優先して（　　）を思い切って削除した．同様に，日本語訳では，長い原文を短い文に分けて訳出するなどの変更を行った．

　結論の中でヴェシエールさんも述べておられるように，本書の目的は，音声学によって得られた成果がどのようなものであり，また音声学により開眼される視野の広がりとは何なのかを提示することである．その目的は十分に果たされていると思うが，それにもまして本書の価値は，以下の三つの点にあると考える．

1．本書には，同じ白水社の文庫クセジュに所収されるマルンベリの『音声学』の出版後，音声学と音韻論において得られた新たな知見，とくにこの半世紀間の音響音声学などの研究成果がふんだんに盛り込まれている．
2．めざましい進展を遂げている韻律論の研究に関して，最新の研究成果を踏まえた解説がなされ，その分野の重要な入門書である．
3．フランス語話者を読者として想定しつつも，諸言語の類型論的な差異や普遍的な傾向を記述している．

　マルンベリ版から伝統的な音声学を，この『音声の科学』からは新たな音声学を学んでいただくため，読者には両方を併読されることをお勧めしたい．
　最後になるが，長期間の翻訳作業を終始見守っていてくださった白水社編集部の方々に感謝の意を表したい．

　　　　　　　　　　　　　　　　訳者を代表し，川口記す．

参考文献

電子リソース

SUDOC[1]のような参考文献データベースを介して,あるいは単なる検索エンジンを介して,本文中に引用した著者たちの参考文献を,インターネット上で得ることができる.そのためここでは再度取り上げない.他に利用可能なものとしては,

1. 国際音声記号(IPA),音声の例がついている.
   https://www.internationalphoneticassociation.org/[2]
2. 音声信号の分析プログラム.Praat, WinPitch, Wavesurfer, WinSnorri がある.また音声合成プログラムとしては,クラットのフォルマント合成や前田の調音合成がある.
3. メーリングリストや議論のフォーラムとしては,とくに The Linguist List, The Speech Prosody Special Interest Group (SProSIG), AFCP(フランス語圏音声言語コミュニケーション協会), ISCA(国際音声言語コミュニケーション協会)などの学術団体を参照[3].
4. オンラインの音声学(音響音声学他)の講義.フランス語のものもある.

---

1 〔訳注〕Catalogue SUDOC (*Système Universitaire de Documentation*) というフランスの大学研究資料システムのこと.詳細については http:// corail.sudoc.abes.fr/xslt/ を参照.
2 〔訳注〕日本語によるページとしては,http://www.coelang.tufs.ac.jp/ipa/ がある.
3 〔訳注〕http://linguistlist.org/, http://sprosig.isle.illinois.edu/, http://www.afcp-parole.org/, http://www.isca-speech.org/iscaweb/

5. そしてとくに，世界各地の研究チーム，研究者，進行中のプロジェクトを紹介するサイトがある．音声科学において最も活動的なフランスのチームとしては，以下の CNRS チームが挙げられる．エクス=アン=プロヴァンス言語・音声研究所(LPL)，グルノーブルの GIPSA 研究所，パリ第三大学音声学・音韻論研究室(LPP)，ストラスブール音声学研究所，もちろん，このリストは網羅的ではなく，音韻論の研究グループは含まれていない[4]．

古典的著書および論文

ここで紹介する文献は，本書のような短い総論においては，あまり一般的ではないと思われるような古い文献である．そうした文献を選んだのは，現在でもその意味を失っていない，礎を築いたいくつかの業績を振り返るためである．

BOLINGER D. (1989) *Intonation and its Uses*, Palo Alto : Stanford UP［イントネーション研究］．

CHIBA T., KAJIYAMA M. (1941) *The Vowel: Its Nature and Structure*, Tokyo : Tokyo-Kaiseikan（千葉，梶山『母音——その性質と構造』(2003) 杉藤，本多訳，岩波書店)［母音の音響学］．

FANT G. (1960) *Acoustic Theory of Speech Production*, The Hague : Mouton［母音と子音の音響学に関する随一の参考書］．

JAKOBSON R., FANT G. et HALLE M. (1952) *Preliminaries to Speech Analysis*, Cambridge, Mass: The MIT Press（邦訳，『音

---

4 〔訳注〕たとえば，現代フランス語の音韻論（PFC）がそうした研究プロジェクトである．詳細は http://www.projet-pfc.net/ を参照．

声分析序説——弁別的特徴とその関連量』(1977), 竹林, 藤村訳, 英語学ライブラリー60, 研究社, 第3版) [音声学と音韻論の関係を変えた書].

LIBERMAN A.M., COOPER F.S., SHANKWEILER D.P. & STUDDERT-KENNEDY M. (1967) « Perception of the Speech Code », *Psychological Review*, 74 (6), 431-461 [カテゴリー知覚と運動理論].

MARTINET A. (1955) *Économie des changements phonétiques. Traité de phonologie diachronique*, Berne : A. Francke [歴史的音変化について].

POTTER R., KOPP G., KOPP H. (1947) *The Visible Speech*, New York : Dover Publications [英語のスペクトログラム].

ROUSSELOT, l'abbé (1891) *Les Modifications phonétiques du langage étudiées dans le patois d'une famille de Cellefrouin en Charente*, 博士論文, Mâcon: H. Welter [実験音声学の誕生].

STRAKA G. (1965) *Album phonétique*, Québec : Presses de l'Université Laval [フランス語の矢状縦断面図].

事典

CRYSTAL D. (1991) *A Dictionary of Linguistics and Phonetics*, 3ᵉ éd., Oxford : Blackwell Publishers.

論文集と選集

L'Intonation : de l'acoustique à la sémantique (1981) ROSSI M. 他編, Paris : Klinksieck.

Readings in Acoustic Phonetics (1967) LEHISTE I. 編, Cambridge, Mass : The MIT Press.

Acoustic Phonetics. A Book of Basic Readings（1967）Fry D.B. 編，Cambridge : Cambridge University Press.

Handbook of the International Phonetic Association : A Guide to the Use of the International Phonetic Alphabet（1999）国際音声学会編，Cambridge, New York: Cambridge University Press（邦訳，『国際音声記号ガイドブック——国際音声学会案内』(2003) 竹林，神山訳，大修館書店）．

L'imagerie médicale pour l'étude de la parole（2009）MARCHAL A. & CAVÉ Ch. 編，Paris : Hermès Science/Lavoisier［新たな研究技術，その利点と限界について］．

Papers in Speech Communication（1991）アメリカ音響学会誌による出版［産出，知覚，信号処理の分野における主要論文の集成］[5]．

Papers in Laboratory Phonology（1990-）Cambridge, New York : Cambridge University Press, 同名の隔年開催会議での発表論文からの選集．第一巻は 1990 年［音声学と音韻論，形式と実体の間の関連づけを目指す］．

Phonologie et phonétique : forme et substance（2005）NGUYEN N., WAUQUIER-GRAVELINES S., DURAND J. 編，Paris : Hermès Science［IPA（国際音声字母）についての優れた章がある］．

Intonation Systems: A Survey of Twenty Languages（1998）HIRST D., Di CRISTO A. 編，Cambridge : Cambridge University Press．［優れた入門書］．

Intonation: Analysis, Modelling and Technology（2000）BOTINIS

---

5 ［訳注］ Kent R.D., Atal B.S., Miller J.L. (eds.) *Speech production*, Miller J.L., Kent R.D., Atal B.S. (eds.) *Speech perception*, Atal B.S., Miller J.L., & Kent R.D. (eds.) *Speech processing* からなる．

A. 編, Dordrecht : Kluwer Academic Publishers.

Blackwell Handbooks シリーズ：Hardcastle W.J., Laver J., Gibbon F.E. 編（2012）*The Handbook of Phonetic Sciences*, 2nd Edition, Pisoni D., Remez R. 編（2007）*The Handbook of Speech Perception*, Doughty C.J., Long M.H. 編（2008）*The Handbook of Second Language Acquisition*, Goldsmith J.A., Riggle J., Yu A.C.L. 編（2013）*The Handbook of Phonological Theory*, 2nd Edition[6].

その他

BOLTANSKI J.-E.（1999）*Nouvelles directions en phonologie*, Paris : PUF.［文庫クセジュの Duchet による音韻論を補完する］．

—— （1995）*La Linguistique diachronique*, Paris : PUF.［歴史音声学，入門レベル］．

BOYSSON-BARDIES B.（1996）*Comment la parole vient aux enfants*, Paris : Éd. Odile Jacob.［発達音声学，一般読者向け］．（邦訳，『赤ちゃんはコトバをどのように習得するか——誕生から 2 歳まで』（2008）加藤，増茂訳，藤原書店）

CARTON F.（1974）*Introduction à la phonétique du français*, Paris : Bordas, 改訂第二版［フランス語音声学の古典的名著，入門レベル］．

CHOMSKY N. et HALLE M.（1968）*The Sound Pattern of English*, Cambridge, MA : The MIT Press（邦訳，『生成音韻論概説』

---

6 他にも Long M.H., Doughty C.J. 編（2011）*The Handbook of Language Teaching,* Damico J.S., Muller N., Ball M.J. 編（2012）*The Handbook of Language and Speech Discorders*, Redford M.A.（2015）*The Handbook of Speech Production* 等がある．

(1983) 小川, 井上訳, 泰文堂) [鍵となる書].

DELATTRE P. (1965) *Comparing the Phonetic Features of English, French, German and Spanish*, Heidelberg : J. Groos [ドゥラットルは大変創意にあふれた人物であった].

DUCHET J.-L. (1998) *La Phonologie*, Paris : PUF, «Que sais-je?», no. 1875 (邦訳, 『音韻論』(1995) 鳥居, 川口訳, 白水社) [伝統的音韻論の明快な入門書]

FÓNAGY I. (1983) *La Vive Voix : essais de psycho-acoustique*, Paris : Payot [韻律論, すべてのレベル向け].

GARDE P. (1968) *L'Accent*, Paris : PUF [語アクセント付与].

HYMAN L. (1977) *Studies in Stress and Accent*, SCOPIL 4, University of Southern California [語アクセント付与].

JOHNSON K. (1997) *Acoustic and Auditory Phonetics*, Oxford : Blackwell [音響音声学の基礎].

KENT R. D. & READ Ch. (1992) *The Acoustic Analysis of Speech*, London-San Diego: Whurr Publishers–Singular Publishing (邦訳,『音声の音響分析』(1996) 荒井, 菅原監訳, 海文堂出版) [中級レベル].

LADEFOGED P. & MADDIESON I. (1996) *The Sounds of the World's Languages*, Cambridge, MA : Blackwell [古典的名著].

LANDERCY A. et RENARD R. (1977) *Éléments de phonétique*, Mons/Bruxelles : Centre international de phonétique appliquée/Didier [入門・中級レベル].

LÉON P. R. (1993) *Précis de phonostylistique : parole et expressivité*, Paris : Nathan Université [韻律論].

LIBERMAN A. (1996) *Speech : A Special Code*, Cambridge, MA : The MIT Press [上級レベル].

MADDIESON I. (1984) *Patterns of Sounds*, Cambridge : Cambridge University Press [世界の諸言語の音について].

MARCHAL A. (2001) *Précis de physiologie de la parole*, Marseille : Solal, Collection « Voix, parole, langage ».

POPE M. K. (1952) *From Latin to Modern French*, Manchester : Manchester University Press [歴史音声学のデータ].

ROSSI M. (1999) *L'Intonation, le système du français : description et modélisation*, Paris : Ophrys [フランス語のイントネーション，中級レベル].

SEGUI J. et FERRAND L. (2000) *Leçons de parole*, Paris : Odile Jacob [心理言語学].

STEVENS K. (1998) *Acoustic Phonetics*, Cambridge, MA : The MIT Press [音響音声学，上級レベル，非常に包括的].

会議

International Conference on Spoken Language Processing [隔年開催，多分野] および *Interspeech* [毎年開催]

International Congress of Phonetic Sciences [4年ごとに開催，音声学者たちの最も大きな会議].

Journées de phonétique clinique (JPC) [2005年以来, 隔年開催]

Journées d'études sur la parole (JEP) [現在は隔年開催，フランス語圏の国において，音声言語コミュニケーションについて，第1回は1970年に開催].

Meetings of the Acoustical Society of America [半年ごとで，音響学の全領域].

Rencontres des jeunes chercheurs en parole (RJCP) [1995年以来，フランス語圏で隔年開催の若手研究者向け会議].

Speech Prosody [2002年より，隔年開催].

学術誌

Journal of Phonetics, Phonetica, Journal of the Acoustical Society of America, Journal of the International Phonetic Association は四つの主要学術誌である．論文のレジュメはインターネット上で自由に閲覧できる．

他にも，音声学の諸問題に関する大変興味深いいくつかの論文を含む学術誌がある．たとえば，*Speech Communication, Computer Speech and Language, Cognition, Journal of Memory and Language, Perception, Clinical Phonetics and Linguistics, Journal of Child Language, Developmental Science, Infant Behavior and Development, Brain and Language, Nature, Science, Language and Speech* である．フランス語圏においては，学術誌 *Parole* を挙げておこう．さまざまな学術誌，その一つの *Faits de langues* も音声学を扱っている．

また，フランス語のデータベース構築プロジェクトに関しては，DURAND, J. LAKS, B., LYCHE C.（2005）« Un corpus numérisé pour la phonologie du français », in G. WILLIAMS編, *La Linguistique de corpus*, Rennes: PUR, 205-217頁を参照[7]．

オンラインのデータベースとしては，ELRA（ヨーロッパ言語リソース協会），解説と翻訳つきの希少言語の録音はLACITOのアーカイヴ構築計画[8]，さらに研究所やフリーの研究者が口頭言語データを自由に共有できるためのデジタルリソースセンター（インフラストラクチャーADONIS）を挙げておこう．

7　http://www.projet-pfc.net/のPFC PRÉSENTATIONから公開されているコーパスにアクセスできる．

8　〔訳注〕40頁の注を参照．

索　引

人　名

アレ Hallé, Pierre　128

ヴェシエール Vaissière, Jacqueline　46, 108, 116-117

オハラ Ohala, John　29, 31, 123

カルツェフスキ Karcevskiy, Sergey　105, 107

クール Kuhl, Patricia　22

クラット Klatt, Dennis　45, 77, 130

コーラー Kohler, Klaus　18

スティーヴンス Stevens, Kenneth　23, 28-29, 60, 64, 100

ソシュール Saussure, Ferdinand de　12, 25, 41, 62

千葉勉・梶山正登　3, 64

チョムスキー Chomsky, Noam　22, 27

ドゥラットル Delattre, Pierre　107, 121-122, 126

トルベツコイ Trubetzkoy, Nikolay Sergeevich　13, 25-26

ハレ Halle, Morris　25, 27

バンヴェニスト Benveniste, Émile　11

ファント Fant, Gunnar　3, 25, 64, 75

フォーナジ Fónagy, Ivan　12, 20, 37, 108

藤村靖　51, 64

前田眞治　45, 50, 77

マルティネ Martinet, André　12, 31, 42

マルンベリ Malmberg, Bertil　3

ヤコブソン Jakobson, Roman　25, 27, 97, 104, 132

ラス Lass, Roger　55

ラディフォギッド Ladefoged, Peter　88, 104

リーバーマン Liberman, Alvin　89-90, 101

リンドブロム Lindblom, Björn　28-29, 31

ルスロ Rousselot, Pierre-Jean　7, 29, 35, 51-52
レオン Léon, Pierre　12
ロッシ Rossi, Mario　111, 129
ワーカー Werker, Janet　22

言 語 名

アラビア語 arabe　31
イタリア語 italien　111-112
英語 anglais　12, 19, 21-22, 29-30, 43, 63, 87, 100-101, 107-108, 111, 114, 118, 121-123, 126, 129-130
　　　アメリカ英語 anglais américain　83, 99
オランダ語 néerlandais　31, 130
クン語 !Xũ　14
サンスクリット語 sanskrit　7, 34
スウェーデン語 suédois　45, 111-112
ズールー語 zoulou　30-31
チェコ語 tchèque　112
中国語 chinois　22, 116-117
　　　——の普通話 chinois mandarin　83, 110
デンマーク語 danois　118, 120
ドイツ語 allemand　18, 32, 45, 82-83, 101, 111
トルコ語 turc　113
ナシ語 naxi　83
日本語 japonais　22, 29, 57, 111-112, 118, 122-123
ハンガリー語 hongrois　113
ピラハー語 pirahã　14
ヒンディー語 hindi　21, 43
フィンランド語 finnois　112
フランス語 français　12-14, 16, 18, 21-22, 29, 31-32, 40-41, 43, 45, 47, 57, 61, 69-70, 72-75, 78-80, 82-83, 87-88, 96-97, 101, 103, 105, 107-

108, 111-115, 118, 121-123, 125-127, 130-131
 カナダの—— français canadien　57
 くだけた—— français relâché　16, 101
 ブルゴーニュのr音 r bourguignon　13, 43
 ベルギーの—— français en Belgique　14-15
 南フランスの—— français méridional　14
 マリー・シャンタル風の発音 accent de Marie-Chantal　20
ベトナム語 vietnamien　116
ポーランド語 polonais　112
モン語 môn　61
ラテン語 latin　69, 101, 113
ロシア語 russe　111

用　語

アルファベット

F₀曲線　→周波数
MRI(英)／IRM(仏) 磁気共鳴映像　49, 51

ア行

アクセント
 ——音節 syllabe accentuée　15, 19, 111, 113, 118, 120-121, 129
 ——付与 accentuation　108, 112-113, 120, 123
 強調—— accent d'insistance　59, 123, 130-131
 語——／語強勢 accent lexical　8, 107, 111-112, 114, 118, 120-121, 123
 語——付与 accentuation lexicale　110, 112, 116
 語頭——付与 accentuation initiale　130
 主—— accent primaire　111
 自由—— accent libre　111
 高さ—— accent mélodique　111, 118

文法——付与 accentuation grammaticale　112
異音 allophone　43
　　　——レベルの allophonique　109
息もれ声 voix soufflée (breathy)　9, 60-61, 67, 84, 95
意味
　　　——グループ groupe de sens　107, 118, 122
　　　——単位 unité de sens　13, 112, 117
イントネーション
　　　——境界 frontière intonative　126
　　　——・グループ groupe intonatif　8, 108, 121
　　　——形態素 morphème intonatif / intonème　111, 118, 121, 123, 129
　　　——言語 langue à intonation　116
　　　——単位 unité intonative　129
　　　継続——の continuatif　118, 127
韻脚(フット) pied　8, 108
韻部 rime　105, 114, 122, 125
韻律
　　　——句 syntagme prosodique　121-122
　　　——研究 étude prosodique　36, 109, 116
　　　——語 mot prosodique　108, 117, 121-122, 130
　　　——体系 système prosodique　46
　　　——的弱部 faiblesse prosodique　131
　　　——の文法 grammaire de la prosodie　128
　　　——パラグラフ paragraphe prosodique　108
　　　——パラメータ paramètre prosodique　46, 109, 116, 119, 129
　　　——論(プロソディー) prosodie　80, 84, 107, 117, 133
(ぶんぶんという)うなり音(声帯振動音) bourdonnement　55-56, 59, 61, 65-66, 68
運動理論　→理論
円唇 arrondie　21, 32, 81, 113
　　　——化 arrondissement (des lèvres)　28, 44-45, 83

非——non arrondie　21, 32, 81, 113
音域 plage　117, 120
　　　普段の—— plage habituelle　117
音韻／音素 phonème　7, 13-16, 18-23, 25-34, 39, 41-46, 57, 61, 63-64,
　　70-72, 75, 78, 82, 88, 90-91, 97-98, 100-106, 108-114, 117, 122-123,
　　125, 130
　　　——句 syntagme phonologique　108
　　　——修復 restauration phonémique　105
　　　——体系 système phonologique　13, 22, 26-29, 31-32, 42, 46, 97
　　　——対立 opposition phonémique　20-22, 25, 28-30, 39, 45-46, 70
　　　——論 phonologie　13, 15, 25-27, 32-34, 39, 41-43, 46, 61, 105,
　　　113, 123
　　　——論者 phonologue　7, 15, 26, 33, 106, 113, 133
　　　実験——論 Laboratory Phonology/ phonologie de laboratoire　33
音響
　　　——信号 signal acoustique　23, 45, 71, 74, 90, 104
　　　——関連量 corrélats acoustiques　27, 30, 64, 83
　　　——特性 propriété acoustique　28, 36, 46, 70, 102
　　　知覚——学 acoustique perceptive　132
音源信号 signal de source　54, 65-67
音源フィルタ理論　→理論
音声
　　　——学者 phonéticien　7, 10, 26, 29, 33, 35, 37, 39, 44, 82, 103,
　　　106, 133
　　　——技術 technologies vocales　34-37, 39, 63, 108
　　　——言語 communication parlée, langue parlée, parole　11, 23, 39, 47-
　　　48, 52-54, 62, 68, 89, 91, 101, 103-104, 106-107, 132-133
　　　——言語処理 traitement automatique de la parole　7
　　　——合成 synthèse (de la parole)　36-37, 45, 51, 77, 89, 108
　　　——信号 signal de parole　36, 63, 77
　　　——的環境 contexte phonétique　15

——統語論 phonosyntaxe　36
　　　——文体論 phonostylistique　12, 36
　　　自動——合成 synthèse automatique　37
　　　自動（——）認識 reconnaissance automatique　35, 37, 129
音声学 phonétique
　　　一般—— phonétique générale　36
　　　音響—— phonétique acoustique　36, 63, 77
　　　矯正（リハビリ）—— phonétique orthophonique　37
　　　実験—— phonétique expérimentale　7, 33, 35, 39, 50, 52, 103
　　　神経—— neurophonétique　38
　　　心理—— psychophonétique　37
　　　生理—— phonétique physiologique　36
　　　知覚（聴覚）—— phonétique perceptive　36
　　　調音—— phonétique articulatoire　7, 34-36, 51, 132
　　　統計—— phonétique statistique　39
　　　発達—— phonétique développementale　37
　　　臨床—— phonétique clinique　38
　　　歴史—— phonétique historique　7, 10, 35, 113
音節
　　　——の頭部（子音） attaque　125
　　　——末尾子音 coda　105

カ行

外耳 oreille externe　92-93
解放 relâchement　9, 15, 67, 74, 76-77, 89, 98-100, 102
カテゴリー知覚 perception catégorielle　89, 101, 105
完結した文 phrase terminée　126
きしみ声 voix craquée (creaky)　9, 60-61, 67, 84, 95, 118
基底線 ligne de base　116-118, 122
気道の保護 protection des voies respiratoires　53, 57

機能
　　——語／文法語 mot grammatical　117, 124, 131
　　境界画定—— fonction démarcative　110, 114
　　同定—— fonction identificatrice　36, 115
　　美的—— fonction esthétique　115
疑問 interrogation　47, 110, 116-117, 119-120, 126-128
吸着音 clic　8, 30, 88
　　歯—— clic dental　88
境界 frontière　8, 102, 107-108, 111, 114-115, 118, 123, 126, 130
　　——画定機能　→機能
　　——表示的 démarcatif　112
　　主要—— frontière majeure　114, 125-126
狭窄 constriction　18, 27, 32, 57, 62, 72, 76, 79, 81, 86, 88, 100
矯正（リハビリ）音声学　→音声学
強調アクセント　→アクセント
強調のポーズ pause d'insistance　131
共鳴 résonance　68-69, 76, 79, 86-87, 96
　　——腔 cavités de résonance／——器 résonateurs　61
　　——周波数 fréquence de résonance　45, 70
　　——特性 propriété résonancielle　32, 61, 64
　　自然—— résonance naturelle　66, 68
　　反—— antirésonance　70, 75, 83, 87
空気力学的 aérodynamique　32, 48, 51
グリッサンド glissando　119
言語
　　——運用 performance　110, 128
　　——科学 sciences du langage　34-35, 133
　　——活動 langage　7, 11-12, 25, 53, 128
　　——使用域 registre　19
　　——データコンソーシアム Language Data Consortium　40
　　——能力 faculté de langage　11-12, 22

語アクセント付与　→アクセント
口蓋 palais
　　──化 palatalisation　75, 77
　　──化の palatalisé　44
　　──図（パラトグラフィ）palatographie　48, 51
　　──垂（のどひこ）の uvulaire　8, 13, 29, 52, 85
　　──帆 voile du palais　15, 52-54, 61, 83, 85
　　硬──（こうこうがい／かたこうがい）palais dur　8-9, 43, 47, 76, 85-87, 98
　　軟──（なんこうがい／やわらかうがい）palais mou　8-9, 43, 76, 78-79, 85-86, 98, 102
語声調 tons lexicaux　110
　　──言語 langue à tons lexicaux（声調素言語 à tonèmes）　110
後舌（こうぜつ／うしろじた）
　　──化 postériorisation　20, 97
　　──母音　→母音
呼気グループ groupe de souffle　116-118, 121, 130
国際音声字母 IPA（英）／API（仏）　8, 22, 42-44, 46
語用論 pragmatique　107-108, 110, 114-115, 129-130

サ行

最小対（ミニマルペア）paire minimale　14, 29
子音 consonne　8, 14-16, 18-20, 26-32, 45-46, 61-62, 68, 72-77, 80, 84-86, 89-90, 92, 97-102, 105, 111-112, 114, 119, 122
　　硬口蓋── consonne palatalisée　76
　　軟口蓋── consonne vélaire　76
　　破裂── consonne occlusive　98
　　半── semi-consonne　14, 17, 62
　　鼻── consonne nasale　28-29, 87, 94
　　摩擦── consonne fricative　68
　　無声── consonne non voisée / consonne sourde　18, 31, 57, 72
　　有声── consonne voisée　8, 18, 31, 72
自然下降線 ligne de déclinaison　120, 128

自然談話 parole spontanée 108
自然発話データ données spontanées 48
持続時間 durée 54, 65, 72, 83, 94, 109-111, 116, 125-127, 129-130
  相対的な—— durée relative 126
実験音韻論 →音韻
主アクセント →アクセント
自由アクセント →アクセント
周波数
  F0曲線 contour de F0 110-111, 116-117, 120-122, 124
  基本—— fréquence fondamentale (F0) 65-66, 71-72, 74, 83-84, 89, 92, 105, 109, 111, 114, 116, 118-122, 125-126
  高次——帯／域 hautes fréquences 58, 61, 65
  フォルマント—— fréquence de formant 45, 47, 66-67, 69, 74, 83
  中次——帯／域 moyennes fréquences 58, 61
集約性 compacité 27, 99
集約的 compacte 99, 102
主要
  ——境界 frontière majeure 114, 125
  ——グループ groupe majeur 108
  ——継続 continuation majeure 129
  ——と非主要の上昇継続調 continuation montante majeure et mineure 122
  非——グループ groupe mineur 108
焦点 focus 19, 108, 119-120
  ——化 focalisation 28, 115, 119-120
  ——的母音 →母音
伸長 allongement 44, 105, 116, 118, 120-122, 125-126, 128-131
  末尾(の)—— allongement final 122, 128
心的語彙 lexique mental 91, 103, 105, 110, 112
心理音響学 psycho-acoustique 36, 93-94
スペクトル・バランス balance spectrale 65

スペクトログラム spectrogramme　44-45, 63, 70-75, 79, 89, 94, 103

正音学 orthoépie　7, 34

声帯 plis vocaux
　　——（の）振動 vibration des plis vocaux　32, 43, 55, 57-59, 61, 65-66, 68, 74-75, 100, 109
　　——の緊張度 raideur des plis vocaux　59

声調言語 langue à tons　110-111, 116

声調素 tonème　110

声道 conduit vocal / tractus vocal　18, 23, 27, 32, 45, 49, 51, 53, 57, 62-66, 68, 74-75, 78, 80, 83, 86, 88, 93, 96, 100-101, 109

生得理論　→理論

接近音 approximante　8-9, 19, 85, 100

舌尖（ぜっせん／したさき） pointe de la langue / apex　21, 27, 43, 85-86, 102
　　——音／の apical　9, 13, 85
　　——歯音 apico-dentale　86-87
　　——歯茎音 apico-alvéolaire　87

舌端（ぜったん／したはし） lame de la langue　21, 85-86, 102
　　——音／の laminale　9, 85
　　——歯音 lamino-dentale　87
　　——歯茎音 lamino-alvéolaire　86-87

阻害音 obstruante　32, 72

側面音 latérale　30, 87

素性　→特徴

そり舌
　　——音 rétroflexe　8
　　——破裂音 occlusive rétroflexe　21

タ行

帯気音　→有気音

高さアクセント　→アクセント

断言的な断定 affirmation catégorique　123

談話
　　——機能 fonction discursive　115
　　——の小辞 particule de discours　116
　　——標識 marqueur discursif　36
地域変種 variété régionale　13-14, 42
知覚音響学　→音響
注意のフィルター filtrage attentionnel　22
中耳 oreille moyenne　92-93
調音
　　——位置 lieu d'articulation　48, 76-77, 79, 85-87, 89-90, 98-99, 101-102
　　——音声学　→音声学
　　——結合 coarticulation　15, 18, 26, 51, 63
　　——合成 synthèse articulatoire　81, 96, 132
　　——習慣 habitude articulatoire　82
　　——動作（ジェスチャー）／運動 geste articulatoire　19, 81-82, 90, 117
　　——努力 effort articulatoire　20, 59, 94, 104
　　——方法 mode d'articulation　76
強さ intensité　59-60, 62, 65, 69, 71-72, 75, 93-94, 99, 109, 111, 116-119, 129-130
テーマ thème　107
手がかり indice　89-90, 93, 98-100, 103, 115, 119
適応分散理論　→理論
天井 plateau　116-117
伝達関数 fonction de transfert　62, 66-67
トーキングヘッド tête parlante　109
同定機能　→機能
特徴／素性
　　二項—— trait binaire　106
　　弁別—— trait distinctif　21, 26-27, 31, 61, 64, 91, 100, 105, 132

有声／無声の—— trait de voisement 21
努力のコード code de l'effort 119

ナ行

内耳 oreille interne 92-93
　　人工—— implant cochléaire 39, 132
内容語 mot lexical 117, 122, 124, 130
二項素性 →特徴
二重分節 double articulation 12, 22
入破音 implosive 8, 88
ノイズ音源 source de bruit 75

ハ行

バー barre
　　破裂—— barre d'explosion 74
　　ボイス—— barre de voisement 72, 74
ハスキンス研究所 laboratoires Haskins 89, 98-99
発声 phonation 36, 39, 44, 54-56, 58-61, 66, 70, 117, 119, 132
発達イントネーション論 intonologie développementale 128
発話ターン tour de parole 115
破擦音 affriquée 9, 85
破裂音／閉鎖音 occlusive 8-9, 18-19, 21, 30-32, 53-55, 57, 59, 62, 67-68, 74, 77, 85-87, 89
破裂バー　→バー
反共鳴　→共鳴
鼻音 nasale 8, 85, 87
　　——化 nasalisation 9, 19, 30, 70, 100, 113
　　——性 nasalité 30, 78, 83, 86, 112
非主要グループ　→主要グループ
美的機能　→機能
標識 marque 36, 108, 118-119, 125

標準的 /i/ /i/ canonique 70
フーリエ変換 transformée de J. Fourier 63
フォルマント formant 66
 エフ・ツー・プライム (F₂') 76, 96, 98, 101, 103
 第一―― (F₁) 45, 62-63, 66, 68-70, 74, 78, 80, 82-83, 92, 95-97
 第二―― (F₂) 45, 63, 66, 68-70, 76-78, 80-83, 92, 94-96, 98-100, 102-103
 第三―― (F₃) 45, 63, 66-70, 79, 81-83, 92, 94, 96, 98
 第四―― (F₄) 68-70, 82, 94-96, 99
 ――周波数　→周波数
 ――遷移 transition de formants 76, 89, 99-100
 ――(による音声)合成 synthèse à formants 37, 45, 63, 77, 89
不変理論　→理論
不連続 discontinu 102
文法アクセント　→アクセント
並行処理 traitement parallèle 106
閉鎖音　→破裂音
平唇 étiré 32
変異 variation 43-44, 64, 84
 ――体 variante 13, 20, 44
弁別特徴／素性　→特徴
ポーズ(休止) pause 105, 118, 129, 131
ボイスバー　→バー
母音 voyelle 9, 14-15, 17-18, 20, 26-28, 30-31, 42-43, 45-46, 55, 57, 59, 61-66, 68-70, 72-84, 89, 94-100, 102-103, 107, 111-114, 119, 121-123
 r音化―― voyelle rhotique 83
 アクセント―― voyelle accentuée 19, 62
 後舌―― voyelle postérieure 29, 69, 78-81, 95, 98, 100-101
 円唇―― voyelle arrondie 9, 28-29, 45, 47, 79-80, 83, 95, 98
 焦点的―― voyelle focale 70, 82-83, 96

狭——／閉—— voyelle fermée　18, 21, 32, 57, 62, 68, 113
　　(音響的)中間(ちゅうかん)—— voyelle (acoustiquement) centrale　79, 80, 98
　　二重—— diphtongue　65
　　半狭—— voyelle mi-fermée　62, 113
　　半広—— voyelle mi-ouverte　62, 113
　　半—— semi-voyelle　14, 17-18
　　非円唇——／平唇—— voyelle non arrondie / étirée　45, 47, 80, 83
　　鼻—— voyelle nasale　30, 83, 95
　　広——／開—— voyelle ouverte　18, 28, 32, 62, 82
　　——調和 harmonie vocalique　30, 113
　　前舌—— voyelle antérieure　29, 32, 47, 78-82, 95-96, 98
　　無アクセント—— voyelle non accentuée　111
放射 radiation　67
放出音 éjective　8, 88

マ行

前寄り／前方化／前舌化 antériorisation　9, 29, 44, 68, 80, 97
摩擦音 fricative　8-9, 28, 30, 32, 45, 54-55, 57, 62, 67-68, 74, 77, 85-86, 99-100, 118
マスキング
　　時間—— masquage temporel　94
　　周波数—— masquage fréquentiel　94
マン・マシン対話 dialogue homme-machine　37
無声化 dévoisement　57, 74-75, 101
鳴音 sonnante　46, 59, 75

ヤ行

有気音／帯気音 son aspiré　9, 19, 46, 59
有声 voisement
　　——音 (son) voisé　21-22, 32, 46, 56-57, 65, 72, 87
　　——開始時間 Voice Onset Time (VOT)　100

標準的 /i/ /i/ canonique 70
フーリエ変換 transformée de J. Fourier 63
フォルマント formant 66
 エフ・ツー・プライム（F_2'）76, 96, 98, 101, 103
 第一—— (F_1) 45, 62-63, 66, 68-70, 74, 78, 80, 82-83, 92, 95-97
 第二—— (F_2) 45, 63, 66, 68-70, 76-78, 80-83, 92, 94-96, 98-100, 102-103
 第三—— (F_3) 45, 63, 66-70, 79, 81-83, 92, 94, 96, 98
 第四—— (F_4) 68-70, 82, 94-96, 99
 ——周波数　→周波数
 ——遷移 transition de formants 76, 89, 99-100
 ——(による音声)合成 synthèse à formants 37, 45, 63, 77, 89
不変理論　→理論
不連続 discontinu 102
文法アクセント　→アクセント
並行処理 traitement parallèle 106
閉鎖音　→破裂音
平唇 étiré 32
変異 variation 43-44, 64, 84
 ——体 variante 13, 20, 44
弁別特徴／素性　→特徴
ポーズ（休止）pause 105, 118, 129, 131
ボイスバー　→バー
母音 voyelle 9, 14-15, 17-18, 20, 26-28, 30-31, 42-43, 45-46, 55, 57, 59, 61-66, 68-70, 72-84, 89, 94-100, 102-103, 107, 111-114, 119, 121-123
 r音化—— voyelle rhotique 83
 アクセント—— voyelle accentuée 19, 62
 後舌—— voyelle postérieure 29, 69, 78-81, 95, 98, 100-101
 円唇—— voyelle arrondie 9, 28-29, 45, 47, 79-80, 83, 95, 98
 焦点的—— voyelle focale 70, 82-83, 96

狭——／閉—— voyelle fermée　18, 21, 32, 57, 62, 68, 113
　　（音響的）中間(ちゅうかん)—— voyelle (acoustiquement) centrale　79, 80, 98
　　二重—— diphtongue　65
　　半狭—— voyelle mi-fermée　62, 113
　　半広—— voyelle mi-ouverte　62, 113
　　半—— semi-voyelle　14, 17-18
　　非円唇——／平唇—— voyelle non arrondie / étirée　45, 47, 80, 83
　　鼻—— voyelle nasale　30, 83, 95
　　広——／開—— voyelle ouverte　18, 28, 32, 62, 82
　　——調和 harmonie vocalique　30, 113
　　前舌—— voyelle antérieure　29, 32, 47, 78-82, 95-96, 98
　　無アクセント—— voyelle non accentuée　111
放射 radiation　67
放出音 éjective　8, 88

マ行

前寄り／前方化／前舌化 antériorisation　9, 29, 44, 68, 80, 97
摩擦音 fricative　8-9, 28, 30, 32, 45, 54-55, 57, 62, 67-68, 74, 77, 85-86, 99-100, 118
マスキング
　　時間—— masquage temporel　94
　　周波数—— masquage fréquentiel　94
マン・マシン対話 dialogue homme-machine　37
無声化 dévoisement　57, 74-75, 101
鳴音 sonnante　46, 59, 75

ヤ行

有気音／帯気音 son aspiré　9, 19, 46, 59
有声 voisement
　　——音 (son) voisé　21-22, 32, 46, 56-57, 65, 72, 87
　　——開始時間 Voice Onset Time (VOT)　100

――性 trait de voisement　31-32, 86, 89, 100
　　　――性の相関 corrélation de voisement　31
　　　――／無声の特徴　→特徴
ヨーロッパ言語資源協会 European Language Resource Agency　40

ラ行

リズム rythme　20, 58-59, 74, 107, 110, 122-123, 128-129, 131
　　　――グループ groupe rythmique　126
　　　――語 mot rythmique　126
理論
　　運動―― théorie motrice　89-90, 101
　　音源フィルタ―― théorie source-filtre　65, 67
　　適応分散―― théorie de la dispersion adaptative　28
　　生得―― théorie innéiste　22
　　不変―― théorie de l'invariance　64, 102
　　量子性―― théorie quantique　28
レーマ rhème　107
励起
　　　――させる exciter　66, 68
　　　共鳴の―― excitation de résonance　75
歴史音声学　→音声学
レジスター registre　61
量子性理論　→理論
連辞 syntagme　111, 117

訳者略歴

中田俊介（なかた　しゅんすけ）
1969 年生まれ．
専門はフランス語音声学．エクス・マルセイユ大学修士，東京外国語大学大学院博士課程単位取得退学．
現在，国際教養大学講師．
著書に『書き込み式フランス語 BOOK』（成美堂出版），『はじめましてフランス語』，『はじめましてフランス語基本文法』（共にジャパンタイムズ）などがある．

川口裕司（かわぐち　ゆうじ）
1958 年生まれ．
専門はフランス語学，トルコ語学．ランス大学言語学博士．東京外国語大学大学院修士課程修了．
現在，東京外国語大学大学院教授．
著書に『フランス語をとらえる』（三修社），『仏検 3 級準拠 [頻度順] フランス語単語集』（駿河台出版社），『初級トルコ語のすべて』（IBC パブリッシング）などがある．

神山剛樹（かみやま　たけき）
1975 年生まれ．
専門は実験音声学，第二言語および外国語の音声・音韻習得．
パリ第三大学音声学博士．東京大学大学院博士課程単位取得退学．
現在，パリ第八大学准教授．

文庫クセジュ　Q 1008

音声の科学 ——音声学入門——

2016年10月15日　印刷
2016年11月 5 日　発行

著　者　ジャクリーヌ・ヴェシエール
訳　者　ⓒ 中田俊介
　　　　　川口裕司
　　　　　神山剛樹
発行者　及川直志
印刷・製本　株式会社平河工業社
発行所　株式会社白水社
　　　　東京都千代田区神田小川町 3 の 24
　　　　電話　営業部 03(3291)7811／編集部 03(3291)7821
　　　　振替　00190-5-33228
　　　　郵便番号　101-0052
　　　　http://www.hakusuisha.co.jp

乱丁・落丁本は，送料小社負担にてお取り替えいたします．
ISBN978-4-560-51008-7
Printed in Japan

▷本書のスキャン，デジタル化等の無断複製は著作権法上での例外を除き禁じられています．本書を代行業者等の第三者に依頼してスキャンやデジタル化することはたとえ個人や家庭内での利用であっても著作権法上認められていません．

文庫クセジュ

語学・文学

- 266 音声学
- 489 フランス詩法
- 514 記号学
- 526 言語学
- 579 ラテンアメリカ文学史
- 598 英語の語彙
- 618 英語の語源
- 646 ラブレーとルネサンス
- 690 文字とコミュニケーション
- 706 フランス・ロマン主義
- 711 中世フランス文学
- 714 十六世紀フランス文学
- 716 フランス革命の文学
- 721 ロマン・ノワール
- 729 モンテーニュとエセー
- 753 文体の科学
- 774 インドの文学
- 776 超民族語
- 777 文学史再考
- 784 イディッシュ語
- 788 語源学
- 817 ゾラと自然主義
- 822 英語語源学
- 829 言語政策とは何か
- 832 クレオール語
- 833 レトリック
- 838 ホメロス
- 840 語の選択
- 843 ラテン語の歴史
- 846 社会言語学
- 855 フランス文学の歴史
- 868 ギリシア文法
- 873 物語論
- 901 サンスクリット
- 924 二十世紀フランス小説
- 930 翻訳
- 934 比較文学入門
- 949 十七世紀フランス文学入門
- 955 SF文学
- 965 ミステリ文学
- 971 100語でわかるロマン主義
- 976 フランス自然主義文学
- 980 意味論
- 1007 音声の科学 音声学入門

文庫クセジュ

芸術・趣味

- 64 音楽の形式
- 88 音楽の歴史
- 158 世界演劇史
- 333 バロック芸術
- 336 フランス歌曲とドイツ歌曲
- 373 シェイクスピアとエリザベス朝演劇
- 377 花の歴史
- 448 和声の歴史
- 492 フランス古典劇
- 554 服飾の歴史―古代・中世篇―
- 589 イタリア音楽史
- 591 服飾の歴史―近世・近代篇―
- 662 愛書趣味
- 674 フーガ
- 683 テニス
- 700 モーツァルトの宗教音楽
- 703 オーケストラ
- 728 書物の歴史
- 750 スポーツの歴史

- 765 絵画の技法
- 771 建築の歴史
- 772 コメディ゠フランセーズ
- 785 バロックの精神
- 804 フランスのサッカー
- 808 おもちゃの歴史
- 820 フランス古典喜劇
- 821 美術史入門
- 849 博物館学への招待
- 850 中世イタリア絵画
- 852 二十世紀の建築
- 860 洞窟探検入門
- 867 フランスの美術館・博物館
- 886 フランス・オペラ
- 908 チェスへの招待
- 916 ラグビー
- 920 イタリア・オペラ
- 921 ガストロノミ
- 923 演劇の歴史
- 929 印象派

- 947 100語でわかるワイン
- 952 イタリア・ルネサンス絵画
- 953 香水
- 969 オートクチュール
- 970 西洋音楽史年表
- 972 イタリア美術
- 975 100語でわかるガストロノミ
- 984 オペレッタ
- 991 ツール・ド・フランス100話
- 998 100語でわかるクラシック音楽
- 1006 100語でたのしむオペラ
- 弦楽四重奏

文庫クセジュ

自然科学

- 60 死
- 110 微生物
- 165 色彩の秘密
- 280 生命のリズム
- 424 心の健康
- 609 人類生態学
- 701 睡眠と夢
- 761 薬学の歴史
- 770 海の汚染
- 794 脳はこころである
- 795 インフルエンザとは何か
- 797 タラソテラピー
- 799 放射線医学から画像医学へ
- 803 エイズ研究の歴史
- 830 宇宙生物学への招待
- 844 時間生物学とは何か
- 869 ロボットの新世紀
- 875 核融合エネルギー入門
- 878 合成ドラッグ
- 884 プリオン病とは何か
- 895 看護職とは何か
- 912 精神医学の歴史
- 950 100語でわかるエネルギー
- 963 バイオバンク